上海市洋泾中学南校 编

课堂教学中
"生活化教学事件"
运用策略的研究

陈瑾玮 主 编
史 克 副主编

上海社会科学院出版社
SHANGHAI ACADEMY OF SOCIAL SCIENCES PRESS

图书在版编目(CIP)数据

课堂教学中"生活化教学事件"运用策略的研究 / 上海市洋泾中学南校编 . — 上海：上海社会科学院出版社，2022
 ISBN 978-7-5520-3767-8

Ⅰ.①课… Ⅱ.①上… Ⅲ.①课堂教学—教学研究—中小学 Ⅳ.①G632.421

中国版本图书馆 CIP 数据核字(2021)第 276229 号

课堂教学中"生活化教学事件"运用策略的研究

编　　者：上海市洋泾中学南校
主　　编：陈瑾玮
副 主 编：史　克
责任编辑：路　晓
封面设计：徐　蓉
出版发行：上海社会科学院出版社
　　　　　上海顺昌路 622 号　邮编 200025
　　　　　电话总机 021-63315947　销售热线 021-53063735
　　　　　http://www.sassp.cn　E-mail: sassp@sassp.cn
照　　排：南京前锦排版服务有限公司
印　　刷：上海新文印刷厂有限公司
开　　本：787 毫米×1092 毫米　1/16
印　　张：11.5
字　　数：250 千
版　　次：2022 年 2 月第 1 版　2022 年 2 月第 1 次印刷

ISBN 978-7-5520-3767-8/G·1172　　　　定价：58.00 元

版权所有　翻印必究

目 录

结题报告   1

"课堂教学中'生活化教学事件'运用策略的实践研究"结题报告 …… 陈瑾玮 史 克 3

"初中物理教学中实施发展性评价提升学生科学素养的研究"结题报告 ……… 史 克 17

教师论文   27

浅谈初中物理课堂教学中生活化教学事件的类型及设计 …………………… 史 克 29

浅谈考古文博资源在中学历史教学中的意义 ………………………………… 吕玉冰 34

情境教学法在初中口语课中的应用与研究 …………………………………… 陆玮君 38

优化英语课堂，融入生活化教学 ……………………………………………… 戴沈青 42

关于初中定向越野课程情境创设的实践与思考 ……………………………… 费仕杰 45

课堂教学的效率性：核心问题的设计 ………………………………………… 康酉佳 50

课堂教学中情境设置的策略与落实问题探讨 ………………………………… 金心瑜 53

课文情景朗读视频在初中语文教学中的应用优势 …………………………… 朱佳婷 57

利用空中课堂资源开展初中化学教学的实践 ………………………………… 王婧喆 61

柯达伊教学法在初中音乐课堂中的实践 ……………………………………… 史羽迪 65

浅谈初中英语教学中生活化教学课堂的设计及反思 ………………………… 刘诗卿 69

浅谈七年级数学中的生活化课堂 ……………………………………………… 奚亿鑫 76

浅谈如何应对初中地理学业考试 ……………………………………………… 徐 丽 83

浅谈语文生活化教学 …………………………………………………………… 宋志颖 89

浅析初中地理教学中思维导图教学策略的构建与运用 ……………………… 高翊瑄 92

浅析核心力量训练对提高少年连环拳动作效果的作用 ……………………… 钱 涛 96

新时代数学教育的高效课堂 …………………………………………………… 严 沁 100

润德课堂 寓德于教
    ——浅议数学教学的育德功能 ………………………………………… 周二建 105

数学创新素养培育（文献综述） ……………………………………………… 马璐瑶 109

线上线下体育教学融合思考 …………………………………………………… 仲 刚 112

初中几何学习中培养学生"说"的能力 ……………………………………… 杨 琴 117

英语精读泛读教学的实践与思考 ……………………………………………… 张嘉歆 121

语文教学应以"情"制胜
　　——语文"情感教学"初探·· 殳云香　125
生活化的初中美术教学实践研究·· 潘天玥　129
牛津英语教学中培养科学素养的研究·· 龚华蓉　134

校本课程　　　　　　　　　　　　　　　　　　　　　　　　　　　　141

篮球拓展课··· 仲　刚　143
"彩色铅笔静物画"课程方案··· 沈忠妹　146
"跟着电影去旅行"课程方案··· 高翊瑄　151
"校园地理探秘"课程方案··· 徐　丽　156
"刻纸"课程方案··· 潘天玥　163
"诵读经典诗文"课程方案··· 语文组　169
"走近中国古典名著"课程方案··· 黄燕平　171
"课外文言文教学"课程方案··· 金晓燕　175
"中华经典诵读"课程实施方案··· 语文组　178

结题报告

"课堂教学中'生活化教学事件'运用策略的实践研究"结题报告

陈瑾玮　史　克

一、问题提出

关注学生整个生活世界，赋予教育生活意义和生命价值，是我们当前教育改革的必然趋势和迫切要求。未来的社会是一个充满机遇与挑战的社会，作为现在的学生能否适应未来的挑战，关键是学校教育能否使他们具备这种适应未来挑战的能力。学生最终要离开学校走向社会，走向生活，求生存，谋发展，因而学校教育，不光是让他们掌握知识、运用知识，更重要的是培养学生的创新精神和实践能力，适应未来的发展，使他们过上有价值、有意义的生活。因此，我们的教育必须以人为本，以学生未来发展为目标，拓宽课堂教学的外延，使我们的教育走向学生生活、走向社会实践。就现实而言，中学课程也总是在强调理性知识的价值和强调学生的经验之间摇摆，未能处理好科学世界与生活世界的关系。一方面，强调课程内容应来自学生生活经验；另一方面，当学生在教学过程中热衷于表达自己的具体经验时，教师却往往不屑一顾，甚至压制他，学生见不到任何的阳光。目前，国外的学校都十分重视教学生活化的教育思想。我们国家近年来也一直在努力学习、研究和实践，并为此做了大量的工作。

在全面实施新课程改革中，如何关注学生的身心健康，重视学生的生活体验，关心学生的全面发展，为学生的成长储藏可持续发展的潜能，为孩子一生的幸福打上生命底色，显得尤为重要。因此，以陶行知生活教育理念为指导，倡导学生成功体验，激活学生发展潜能，张扬孩子个性特色，让孩子享受快乐的学校生活，帮助学生培养广泛的兴趣与爱好，这需要有志于教育的同仁们不断地实践与探索，还需要学校在加强师资培训，培养"一专多能"、激发学生兴趣的"双馨"教师等方面做出积极的努力。本课题组认为，在新的历史条件下进行"生活化教学事件"的课堂教学研究，对于推进教育改革，实施新课程标准，培养全面发展的一代新人，具有十分重大的现实意义。本课题正是以上述背景为出发点提出的，它以促进学生学习兴趣为目标，将现行教材中枯燥、脱离学生实际的内容还原为取之于学生生活实际并具有一定真实意义的物理问题，以此来取得学科知识与生活实际的联系，激发学生学习的兴趣，并让他们在探究生活问题的过程中理解、学习和发展;为学生创设轻松、愉快的课堂生活环境,引导学生主动参与知识探究,主动合作,主动发展,在知识的获得过程中获得良好的情感体验,促进学生有效学习。该研究努力做到用最少的时间、最小的精力投入,取得尽可能多的教学效果,从而实现特定的教学目标;让学生真正体会到学习的趣味性和实用性,让学生去发现、去探究趣味的生活背景中蕴藏着的丰富多彩的知识,更加主动地学习并为终身学习发展奠定良好的基础,实现满足社会和个人的教育价值需求。

二、研究目标与内容

（一）研究目标

1. 研究生活化教学事件与学科课堂教学的有机整合,增强教师分析整合教材的能力,提高课堂教学效率。

2. 研究生活化教学事件的有效设计,引导学生将书本理论知识与生活实践紧密结合,激发学生的学习热情,拓展学生的知识面,力求做到能学以致用。

3. 研究生活化教学事件的设计应用,突出学生的学习主体性,丰富学生的学习生活,提高学生的实践等综合能力。

（二）研究内容

1. 生活化教学事件的特征及类型研究。
2. 生活化教学事件的设计过程及方法研究。
3. 课堂上生活化教学事件的运用策略研究。
4. 课堂上生活化教学事件运用的评价研究。

三、研究方法与过程

（一）研究方法

1. 文献资料法。收集研究国内外有关构建生活化课堂的文献资料,使课题研究的内涵更丰富、外延更明确,争取在现有研究的水平基础上有所突破和提高。

2. 行动研究法。组织进行教学评比活动,邀请专家指导,提高研究的水平。

（二）研究过程

本课题采用整体设计、分段实施的办法,在每一年度结束前,运用评价手段检测实验的效度。在分析总结的基础上,提出下一年度实施研究的侧重点,预期分三个阶段加以实施。

◆ 准备筹划阶段

1. 筹建课题组,确定课题方向和内容,明确各研究内容的负责人。成立各学科子课题组,以语文组、数学组、英语组、理化组、政史地组、艺体组六个教研组为重点开展研究。

2. 各组负责人制订具体实施方案,明确所要达到的目标,并设计最后的成果展示形式。

3. 对研究对象进行前测。

4. 制定和健全学习和交流的制度。

5. 方案制订后,请有关专家提出修改建议,并进一步做可行性和可能产生的效果分析,最终完善方案。

◆ 具体实施阶段

1. 操作实施,反馈沟通。各子课题组根据实施计划具体落实。加强沟通交流,相互支持,共同克服困难,使各项工作落到实处。

2. 形成合力,以生为本。各子课题的研究要以学生为中心,旨在培养学生的兴趣与爱好。要根据学生的需求和实际可能性,因势利导,促进研究活动有效开展。

3. 定期小结,反思提升。各子课题定期开展交流与研讨,总结阶段性工作情况,勤于反思,寻找活动开展中存在的问题并分析其原因,作为下一阶段开展活动的依据与参考。撰写活动案例,总结活动经验,提炼活动规律。

◆ 课题总结阶段

1. 分析总结课题实施过程中出现的情况,撰写课题研究报告,为结题做准备。

2. 实验教师撰写研究论文和结题报告。

3. 召开结题报告会。

4. 制订课题的延伸计划。

四、生活化教学事件等概念的内涵

(一) 生活化教学事件的内涵

生活化就是指将学生从枯燥、抽象的课本中解脱出来,给学生感受自然、社会、事实、事件、人物、过程的机会,使学生在与实在世界的撞击和交流中产生对世界、对生活的爱,从而自发地、主动地去获取知识。生活化事件是指生活中发生的事。生活化教学事件是指含有教育意义的生活事件,即事件本身蕴含了一定的教育意义。含有教育意义的生活事件分为五大类型:蕴含知识的生活事件、引出问题的生活事件、揭示道理的生活事件、引发想象的生活事件、展开讨论的生活事件。

(二) 教学设计的内涵

教学设计是指教师在钻研教材、了解学生、明确教学目标的基础上,对课堂教学的预先决策和超前把握。教学活动是由学生、教学目标、教学内容、方法、环境、反馈、教师等要素构成的复杂系统。教学设计只有将教学诸要素有目的、有计划、有序地进行安排,才能实现教学过程的最优化。

学科教学设计是教师在一定的教学理念指导下,以各学科教学理论为基础,运用系统的方法,为达到一定的教学目标,事先对教学活动进行规划、安排与决策的过程。学科教学设计是人们的设计思想在教学中的运用,也是设计的一种类型。

五、研究实施

(一) 将"课堂教学改进校本化"的实施与"生活化教学事件"相结合,创新常态课,构建精致课堂

以生活化教学事件有效设计主题教学活动的开展为载体,进行常态课的创新。

如何使教师拥有有效教学的理念、掌握有效教学的策略,尝试进行生活化教学事件的设计,科学合理地改进教学行为,提高教学效益,促进学生发展,成为教师专业主动发展的聚焦点。我们围绕生活化教学事件的有效设计进行主题式教学活动的模式,探索开展有针对性、实效性的磨课。我们要求的常态课符合以下规则:对不同层次的学生分层制定教学目标,研读课程标准和教材,精心设计生活化教学事件,采用不同的教学方法,提高课堂效率,从而实现学生有效的学。如我们根据教师个体差异性原则,推出"同课异构"的教学常态课。我们认为,同学科教师同上一节课,课后进行比较式研讨,在比较中可以互相学习、扬长避短、共同提高,推动教师整体水平提升。我们还推出了以"我的课堂内容设计生活化""我的教学目标我达成"为主题的常态课,学期末设计"课例集体反思"常态课。同学科教师结合校本教研课题的研究实践,对每节常态课的教学环节进行反思交流,提高课堂教学质量、打造精品课堂;每年我校还开展"质量源于细节 反思引领成功"预备年级家校互动课,并采取"走出去"和"请进来"的方式,面对面把脉诊断,丰厚师生的素养,努力构建促进学生发展的课堂教学环境和氛围。

案例 生活化教学事件设计同课异构,加强教学研讨

一次学校教学展示课活动中,语文组推出的课题是《父与子》,执教的是同一备课组的两位女教师,不同的是 A 是一位年轻的女教师,教龄只有 4 年,B 是一位中年女教师,这位女教师的教龄有 11 年,A 女教师上课幽默风趣、通过进行组织设计生活化教学事件,把古今中外漫画家著名作品《三毛流浪记》等生活气息浓厚的多幅作品进行对比,不仅把《父与子》中的漫画的作者、作品背景、意义讲解得透彻清晰,还把中外漫画的特点、区别进行了对比,教会学生如何去欣赏漫画,等等。学生们从一幅幅漫画中学到了许多新的知识;而 B 这位中年女教师采用传统的讲授法教学,上来介绍作品作者及这位作者的其他作品,字怎么写,漫画的定义是什么,《父与子》漫画的含义,等等,整节课相比而言显得十分枯燥。

以学校同课异构的教学活动为载体,课后,每个备课组的全体教师都参与听课评课活动,以上述案例为例,语文组的 A、B 两位教师间也进行了互听课,每个人都感触颇丰,尤其是 B 教师,通过听 A 教师的课堂教学,意识到 A 教师通过将古今中外漫画家著名作品《三毛流浪记》等多幅作品进行对比,教学内容来源于生活,进行了生活化设计及处理,这个环

节处理得非常好。大家一致认为，同课异构的教学研讨活动，不仅加强了组内的集体备课，更能相互学习，取长补短，加速教师专业化发展的进程。

（二）以生活化教学事件策略的运用为抓手，逐步构建精致课堂

1. 课堂"导入"生活化，激发学习兴趣。

教学的导入仿佛是优美乐章的前奏。日常生活中蕴含了大量的物理学科知识和情境，从学生熟悉的生活经验出发，创设学生熟悉的、感兴趣的、符合教学内容的情境，引入新课，可以激发学生的求知欲望，增添新鲜感，使他们感到课堂活力，进而对物理课堂产生亲切感。"生活化"导入资源，主要包括日常生活现象、社会现象、重大的社会事件、熟知的文学和历史素材，等等。

案例1　"光的直线传播"导入教学片段

上课铃响后，我悠然地含着烟卷走向讲台。从不吸烟的我做出这些行为，让全体学生感到匪夷所思，老师平时根本不抽烟，今天怎么啦？注意力立刻集中起来。随后我拿出激光笔，使激光束通过我吐出的烟，让学生观察光亮的通路。这时学生才明白我在故意"作秀"，演示光在均匀介质中沿直线传播实验，而不是故意违反课堂规则。随后我告知学生，光在均匀介质中沿直线传播在生活中有很多的应用，从而引起学生的好奇心，最后使本课达到非常好的效果。

几个简单的行动一下子扣住了学生的心弦，学生就能快速进入学习状态，而且提高了他们的认知水平：原来科学就在身边。将丰富和合乎实际的生活素材，加工成课题资源导入物理教学课堂，由此引出新知，使教学"活"起来、学生"动"起来。

2. 课堂"探索"生活化，探究理解新知。

课堂教学过程是师生运用课程资源共同建构知识和人生的过程。学习的过程，即是探索生活的过程；课堂教学活动，就是师生共同体验生活的活动。教师在设计课堂教学过程时，要让学生参与教学生活，对生活素材进行剖析，提取其中的物理知识元素，在不断解释生活现象、尝试解决生活问题的过程中获取知识。

案例2　"力的作用是相互的"教学片段

情境创设：播放公路上发生的一段两辆汽车对碰的车祸现场视频。

联想质疑：能不能从车祸现场看出是哪辆车先撞的对方？

> 学生实践:用铅笔尖轻戳手指,用手指戳铅笔尖,说出感受。
> 讨论交流:为什么不能从车祸现场看出是哪辆车先撞的对方?
> 小结新知:力的作用是相互的。

贴近学生生活体验的教学过程设计,能使学生体会物理知识的发现、形成与应用的过程,获得积极的情感体验,感受科学的力量,同时掌握必要的基础知识与基本技能,学生才能爱学、乐学。长期潜移默化的训练,定能培养学生对现实生活中现象的关注和发现的兴趣,提高学生的观察能力、分析能力和动手操作能力。

3. 课堂"训练"生活化,解决实际问题。

在物理课堂上,适时适量地为学生提供必要的训练题是非常必要的。"生活化"的物理课堂要求训练题的设计密切联系学生的现实生活,引导学生探究身边的、生活中的物理科学知识。行之有效的办法是:给训练题设计一个生活化的试题情境,进行生活化的"包装",让学生在具体、有趣的生活情境中,运用所学知识分析和解决问题,体悟到物理原来如此的真实!

> **案例3　初三专题复习教学片段**
>
> 情境创设:上课时老师拿出一个"220 V　100 W"的白炽灯泡给同学们提出了一系列的问题:(1)灯丝是什么材料做的,主要是利用了它的什么物理属性?(2)它的灯壁用久以后为什么会发黄发黑?(3)白炽灯是利用什么原理工作的?工作时能量是怎样转化的?(4)时间用久以后灯为什么亮度会下降?(5)"220 V　100 W"是什么意思?(6)该灯正常工作一个小时消耗多少电能,如果将它单独接在一个"3 000 R/kwh"的电能表上正常工作1小时,电能表的转盘能转多少转?如果电费按0.5元/KWh,1小时会花费多少电费?(7)该灯正常工作时的电流是多少,它自身电阻是多少(不计温度变化)?(8)同学们讨论一下,关于白炽灯我们还可以提出哪些与物理有关的问题?

教师用了一个真切的生活画面,并设计一系列与生活息息相关的生活小常识,巧妙地将学生融入这"生活化"课堂,化枯燥为生动,化理论为生活。这些从生活中提炼出来的物理知识训练题是鲜活的,让学生感受的不再是枯燥的物理概念、深奥的物理原理,而是富有生活情趣的实际问题。学生乐于主动去训练,并在愉快的心境中体验成功,学生的学习兴趣立刻被调动起来,议论纷纷,积极讨论,让枯燥的复习课堂也焕发出生命的活力。毫无疑问,学以致用,能使学生生动活泼地学习物理,让学生感悟到物理的价值和功能,才会真正明白和理解新知。

因此,物理课堂教学设计应着重从物理知识与生活实际的联系出发,深入挖掘教材中与生活实际相联系的情境素材,精心设计一些与生活实际密切联系的实际问题,使学生对问题产生浓厚的兴趣,真正体会到物理就在我们身边,就存在于我们的生活中。

4. 课堂实验"生活化",培养学生能力。

生活中的一切材料、物品都具有物理属性,都可显现物理原理。也就是说,大自然本身就是一个无形的物理实验室。生活中的材料、物品都是开展物理实验、探究、认知物理原理的重要资源。因此,物理教师做物理实验时要首选身边的器材。

5. 课堂"延伸"生活化,提升创造能力。

生活本身是一个巨大的学习课堂,教师还应该注重创设大课堂情境,鼓励学生在日常生活中寻找问题,诱导学生对身边的所见所闻发生联想。一旦所学的东西被派上用场时,学生求知的劲头会更大,跃跃欲试的要求会更强烈,对延伸课堂、激活知识、提升能力可以发挥不可估量的作用。然而此时,教师不能简单地把自己知道的知识直接传授给学生,令他们暂时满足,而应该充分相信学生的探究潜能,鼓励他们进行实验、猜测、推理、创造等活动,也就是指导学生"搞研究"。

> **案例4 噪声的学习**
>
> 学习《噪声》后,我们布置了一项课外作业,要求学生利用星期天时间调查一下我们周围存在哪些生活污染,怎样防治或减弱?每人写一份报告。学生听后积极性非常高。星期一来后,每人都按时上交了一份调查报告,提出的措施虽然还都很幼稚,但我们感觉到学生确确实实去做了,并且有了一定的效果,达到了预期的目的。这样让学生走进生活、走进大自然,学生既愉悦了身心,又对所学的物理知识加深了理解,培养了学习物理的兴趣,培养了学生的能力,何乐而不为呢?

通过"还课堂以生活本色"的实践,课堂、学生、教师都"活"起来了。学生的综合素质明显提高,学生的学习由被动学习变为主动参与、合作交流,产生学习兴趣,探索知识的愿望,教师的职能从传授变为指导,学习的目标从单一到综合,学习的空间从封闭到开放,从课内向课外、向社会延伸,学习的过程从认识到实践,拓展思维的训练,使学生的整体素质得到提高,能够真正地做到学以致用。同时,教师又能思考课堂教学中存在的问题,反思、改进、创新自己的教学方法,突破课本的框架,创造出更为多姿多彩的教学内容,这样教师的自身素质也得到提高,促进了自我提升和发展。

(三)张扬"自主互动高效"的团队合作精神,形成洋南特色的教研氛围

1. 以制度化推进的形式,创设教研组文化氛围。

我校语文学科的教学质量以及受欢迎程度历来颇高。我校语文教师绝大多数都很年轻,

平均年龄未达到35岁。我们认为,除了自身的认真敬业之外,主要源于语文备课组教师间的团队合作,以及他们注重营造互动学习交流的氛围。教师个体中汇集了群体的合力,发挥集体的智慧,能够帮助教师加深对教材的理解,拓展教学思路。教研组活动使教师原有的长处更加完善和凸显,利于教师在更高的起点上发展,并逐步形成自己良好的教学风格。我们挖掘语文教研组的潜力,采取以点带面的措施,并以制度化推进的形式,创设教研组文化氛围。上学期,我们就展开学习讨论,在全体教师达成共识的基础上,起草了洋泾南校教研组组长"责任制"和组员"认领制"的文本方案,充分发挥教研组组长的专业引领作用,逐步形成"教研主题化,协作互动化"的教研形式。所谓"主题式互动式教研",就是指教师在自己的教学实践中寻找实际问题,经过多方筛选确定每学期的研究主题,在此基础上再细化为每月的主题,并以主题为教研目标,开展同伴共创、协作备课、互动研讨,共同参与研讨全过程的互动教研活动。这种主题式的互动教研,围绕选取的主题进行自主学习(相关的著作与论文)、主讲制学习、协作备课、实践展示、互动研讨、反思总结六大环节展开,激励教师研究课堂教学,探索课堂教学改进计划校本化的道路,实施有效的课堂教学策略。

案例　主题式互动式教研活动——生活化教学事件设计及运用课程方案

一、课程目标

组织以"生活化教学事件我设计"为主题的家常课和"二次摩课"改进课活动;组织全体教师学习有关教学手段的知识,共同探讨学习如何根据教学内容选择合适的教学手段,去实现每节课的教学目标,提高课堂教学效率。

二、课程安排

(一) 筹备工作

1. 教导处查阅筛选有关"教学手段"的部分资料提供给教研组,教研组组织教师学习自己查阅寻找的资料;

2. 本课程活动采取教研组组长责任制,教研组组长筹备第2—4周家常课和第6周"二次摩课"改进课的开展事宜:

(1) 组内教师根据自己的优势认领任务;推荐出三位教师分时段开设家常课;

(2) 制定出开课听课、评课安排表。

(二) 时间安排

启动以"生活化教学事件设计及运用"为主题的家常课,每个教研组有三位教师在组内开课;

以"我的课堂我反思"为主题进行"二次摩课"活动,组内教师一起交流、研讨,并结合"二次摩课"的改进展示课,每位教师撰写一篇教学案例,组内交流"如何恰当运用和设计生活化教学事件"，并在此基础上，力争上好每一节课，提高课堂教学效率。

三、课程要求

（一）教研组要求

正常开展两周一次的教研活动，确保每次教研活动有主题，有实效。

1. 第2周教研活动：

学习有关生活化教学事件的知识，包括何为生活化教学事件、传统的教学设计、现代的教学设计手段有哪些、各自的优缺点有哪些等。

2. 第4周教研活动：

（1）各组三位教师分时段开设家常课；

（2）学习如何选择合适的生活化教学事件为教学服务，达到教学目标；

（3）集中时间进行评课，针对生活化教学事件的运用，共同探讨家常课的优劣，提出改进方案，在此基础上执教者撰写教学反思，制订具体改进方案。

3. 第6周教研活动：

（1）交流教学改进方案，全组教师集体备课，在讨论的基础上推荐一位教师代表教研组开课，进行全校范围内的展示；

（2）在全校范围内展开听课评课活动，共同探讨"生活化教学事件"。

（二）执教者的要求

1. 利用教研活动时间，学习生活化教学事件的相关知识以及如何根据教学内容恰当选择生活化教学事件；

2. 根据主题精心备课，教案中重点突出选择了哪些生活化教学事件、选择依据是什么；

3. 教学反思或具体改进方案要体现家常课中所选生活化教学事件的优点与存在的不足，并针对不足之处将做什么改进；

4. 第6周教研活动之前交教学案例。

（三）听课者的要求

1. 利用教研活动时间，学习生活化教学事件相关知识以及如何根据教学内容恰当选择生活化教学事件；

2. 做到每次听课不缺席，认真做好听课记录；

3. 主要听：本节课执教者设计了哪些生活化教学事件、这些手段运用得合适与否、这些设计运用是否为实现本节课教学目标服务、这节课整体效果如何。

（四）评课要求

执教者：进行自评，对本节课生活化教学事件的选择与运用加以介绍，谈谈这节课上完后自己的初步感受,成功之处和不足之处在哪里。

听课者:实事求是地指出执教者本节课的优劣,尤其是在生活化教学事件运用方面的优缺点,并提出自己的建议或改进方案。

2. 完善质量监控体系,实施三级质量分析,提高教学质量。

为进一步强化教师质量效益的意识,结合学校实际,我们在学期初制订个人教学工作计划时,拟开展了"教学与学习方式的转变"现状调查,引领任课教师进行课堂教学的自我剖析,调查学生的课堂学习需求,掌握班级学生学情,完善质量监控体系,实施三级质量分析,以此达到加强团队合作、优化课堂教学、全面提高课堂教学效益的目的。所谓三级质量分析,主要涉及备课组(教师个人)、年级组(班级)、教导处三个层面,各有分析的侧重点及目标要求。通过会诊,分析原因,寻找对策,教师可以帮助学生改变学习态度、改进学习方法,最终达到共同提高的目的。

我校在质量分析时,打破传统的分析模式,在教师、学生进行自我分析的基础上,实施三级质量分析制度,具体分析流程如下。

第一级:班主任层级分析

由班主任牵头,联系任课教师对班级学生成绩进行全面分析。班主任和任课教师引导学生从三个方面进行自我分析:(1)按照学习的五个环节,即预习、听课、作业、复习、小结进行自我分析评价。(2)按照各学科的得失分情况,从学科的学习态度、学习方法、时间安排等方面进行自我分析评价。(3)从考试的心态、答题时间的分配、答题的规范化、书写的规范化等非智力因素方面进行自我分析评价。学生通过分析总结,找出学习过程中存在的问题及产生的原因,采取相应的学习措施。在此基础上,班主任再召开任课教师会议,针对班级情况找差距、想办法,确立下一阶段的目标和班级重点关注对象,探讨课堂中的分层教学等。

第二级:备课组层级分析

由备课组长牵头,首先由教师做自我分析:(1)试题情况,主要分析试题的难易、考查的知识和能力要求,分析试题与学生的实际是否相符。(2)将题目按照知识分类,统计各层次的学生在各知识类中的得失分。(3)将题目按记忆、理解、运用、分析等能力进行分类,统计各层学生在各能力层次上的得失分比例。(4)分析学生答题的规范性。(5)分析学生试卷中的典型错误,找出错的原因。教师要综合以上五点分析教学中尚待解决的问题,总结经验,提出改进意见。在完成对每一个任课教师所教班级进行全面分析的基础上,备课组长填写备课组质量分析表,召开备课组质量分析会议,针对年级中存在的问题,分析原因,重点是交流经验,反思不足,研讨改进措施,比如根据学生实际情况调整教学进度、内容等,努力走一条基础型课程校本化的道路。

第三级:召开教导处、年级质量分析会

由年级组长牵头,由备课组长、教师代作发言,重点谈教育教学的反思、经验和改进措施。年级组长对本年级的情况进行全面的评价和分析,重点谈差距、努力的目标、下一步工作的重点和措施(并做好会议记录),并将相关资料整理上交教导处。

教导处综合反馈各学科的成绩,在肯定优点的同时,指出考试中暴露出的问题和问题学科,并提出改进建议,更重要的是发现教师群体中的教学闪光点,挖掘一些先进的教学经验进行总结推广,形成辐射效应,最终达到教学成绩整体提高的目的。

六、研究的成效

随着中国教育改革的深入,课堂教学中进行生活化教学事件的设计是丰富素质教育实践模式的需要。素质教育在不断推进和深化,我们逐步归纳出了全体性、全面性、主体性和基础性等实施素质教育的四大特征。同时,各地各校还涌现出了许多有效开展素质教育的实施模式,这些模式主要包括情境教育模式、愉快教育模式、自主创新教育模式、主体教育模式、和谐教育模式、活动教育模式等。这些模式从不同的角度,寻找到实施素质教育的不同切入口,有效地丰富着素质教育的实践活动。随着素质教育的继续推进,素质教育的理论还会不断丰富完善,素质教育的实践模式还会不断地推陈出新。以往课堂教学中常常忽视人的存在,忽视世界上最具独特性和主动性的生命,忽视教师是一个具有多种需要和能力、具有无限发展可能的人,忽视学生是一个个独特的个体,把注意力转移到了知识、手段、操作、工具等一些外在事物上,把方式、手段异化为目的,遗忘了对生命本身的关照,中学生活化教学事件的设计,主要是解决此类问题。充分认识课堂教学中人的地位和生命的价值,确立课堂教学的生命价值取向是构建中学生命化课堂的关键。我校进行了积极的研究,取得了一些初步成效。

(一)唤醒了教师专业发展的意识,促进了教师专业化发展

在课题研究之初,我们对我校教师的专业发展状态进行了问卷调查,统计结果如下。

表1-1 您对自己目前专业发展状态是否满意的对比

N=32和N=53 单位:%

两年前	比例	两年后	比例
A. 加速发展	6	A. 加速发展	70
B. 正常发展	12	B. 正常发展	25
C. 停滞	82	C. 停滞	5
D. 满意	10	D. 满意	85
E. 不满意	90	E. 不满意	15

我们从表1-1可以看出:两年前,只有6%的教师专业发展处于加速发展状态,到现在已经有70%的教师专业发展处于加速状态,进步幅度非常大;而且从最初10%的教师对自己专业发展状态满意,到如今有85%的教师对自己专业发展状态满意,这充分说明,两年来,学校教师普遍得到专业发展,高达85%的教师对自己的发展状态表示满意,这些的确是通过课题推广的研究,唤醒了教师专业发展的意识,促进了教师专业化发展。

紧接着,我们又对教师参加学校组织的家常课、公开课的人数和比例进行了统计,结果如下:

表1-2 两年前教师每学期参加家常课、公开课情况

N=32 单位:%

语文组			数学组			英语组		
总人数	开课人数	比例	总人数	开课人数	比例	总人数	开课人数	比例
4	1	25	5	2	40	4	1	25

表1-3 现在教师每学期参加家常课、公开课情况

N=53 单位:%

语文组			数学组			英语组		
总人数	开课人数	比例	总人数	开课人数	比例	总人数	开课人数	比例
7	7	100	7	7	100	7	7	100

对比表1-2和表1-3中的数据,我们可以肯定一点:通过课题的研究,两年来,教师参加家常课、公开课的比例大幅度增加,语文组、英语组从最初25%的教师参加每学期的开课活动,到现在100%的教师都参加开课活动,数学组也由最初的40%达到100%的教师参加开课活动。无疑,这种明显的进步,也是课题研究的成效之一。

(二)"主题式互动式"教研活动初见成效

表1-4 两年前教师每学期参加学校教研活动的次数

N=32 单位:%

语文组			数学组			英语组		
教研活动总次数	平均参加次数	比例	教研活动总次数	平均参加次数	比例	教研活动总次数	平均参加次数	比例
12	7	58.3	12	6	50	12	8	66.7

表1-5　现在教师每学期参加学校教研活动的次数

N=53　单位:%

语文组			数学组			英语组		
教研活动总次数	平均参加次数	比例	教研活动总次数	平均参加次数	比例	教研活动总次数	平均参加次数	比例
12	12	100	12	11	91.7	12	12	100

对比表1-4和表1-5中的数据,我们看出:教师参加教研活动的情绪高涨,教师几乎从不缺席教研活动,语文组、英语组的出席率分别由原来的58.3%、66.7%达到了100%;数学组的出席率也由原来的50%达到了91.7%。这些数据充分说明,现在的"主题式互动式"教研活动受到大家欢迎,因此教研活动的出席率会有大幅度的增加。

表1-6　两年前教师每学期参加学校教研活动并作为主讲人的次数

N=32　单位:%

语文组			数学组			英语组		
每人主讲总次数	平均主讲次数	比例	每人主讲总次数	平均主讲次数	比例	每人主讲总次数	平均主讲次数	比例
4	1	25	4	1	25	4	1	25

表1-7　现在教师每学期参加学校教研活动并作为主讲人的次数

N=53　单位:%

语文组			数学组			英语组		
每人主讲总次数	平均主讲次数	比例	每人主讲总次数	平均主讲次数	比例	每人主讲总次数	平均主讲次数	比例
4	4	100	4	3	75	4	4	100

同样对比表1-6和表1-7中的数据,我们可以肯定:现在的教研活动中,每位教师作为主讲人的次数多了,教师间的互动更加频繁了,"主题式互动式"教师活动已经发挥了组内教师的共同力量,不断促进大家加强教学研讨,教师参与教研活动的比例日益提高。其中,语文组、英语组教师参与主讲的次数已经全部达到了学期的要求,高达100%,数学组的比例也由原来的25%达到75%。

七、结论与思索

从教育对学生的影响角度看,课堂教学中进行生活化教学事件的设计是促进学生潜能开发和个性发展的需要。我们要让教育去适应学生,而不是让学生来适应我们的教育,促进学生潜能开发和个性发展,应该成为精致教育的不懈追求。但在现实生活当中,粗犷型教育比比皆是,高耗低效的教育造成人力资源的巨大浪费,学生的潜能得不到有效开发,学生个性得不到应有发展。如何使我们的教育真正能促进学生潜能开发和满足学生个性发展的需要,使我们的教育去适应学生,是我们一直在探索思考的问题,也是我们今后研究的方向。

提高课堂教学的有效性,是教学改革永恒的主题。实现优化、高效的课堂教学是我们长期的追求。在尝试运行的过程中,也存在着很多的困惑和值得反思总结的地方。我们将继续立足于学校实际,把握课改的脉搏,加强师资培训,为构建洋南高效的课堂教学而努力。

参考文献

[1] 叶澜.新基础教育探索性研究报告集[M].上海:上海三联书店,1999.
[2] 吴亚萍,吴如玉."新基础教育"发展性研究专题论文·案例集(下)[M].北京:中国轻工业出版社,2004.
[3] 孙文质.生命化教育的责任与梦想[M].上海:华东师范大学出版社,2011.
[4] 孙明霞.心与心的约会:孙明霞的生命化课堂[M].北京:中国轻工业出版社,2010.
[5] 石中英,王卫.基础教育新概念丛书:生命化教育[M].北京:教育科学出版社,2010.
[6] 强光峰.让教学更生活:体验运用让学生内化知识[M].重庆:西南师范大学出版社,2011.

"初中物理教学中实施发展性评价提升学生科学素养的研究"结题报告

史 克

一、问题提出

课程教学改革与传统测验方式的矛盾一直存在,评价方式的变革成为教育改革不可回避的问题。评价亦是物理课程的重要组成部分。科学的评价体系是实现课程目标的重要保障。物理课程的评价应根据课程标准的目标和要求,实施对教学全过程和结果的有效监控。对学生而言,物理学习的过程不仅是一个获取知识的过程,更是思维活动的过程、确立健康情感的过程、形成有效学习策略的过程、建立良好人际关系的过程等。评价是联系教师与学生思维、情感等的重要环节,评价不仅要关注学生的学业成绩,而且要发现并发展学生多方面的潜能,了解学生发展的需求,帮助学生认识自我、建立自信,发挥评价的教育功能。

通过研究,我们要学会从理性的角度去分析学生在物理学习中所遇到的主要困难,弄清楚学生学习中一些常见问题产生的原因,站在学生的角度看问题,有效地改进我们现有的工作模式,从而更好地进行物理教学工作。通过评价,让学校及时了解课程标准的执行情况,改进教学管理,促进物理课程的不断发展和完善。同时,评价能帮助教师获取物理教学的反馈信息,对自身的教学行为进行反思和适当的调整,促进教师不断提高教育教学水平。评价应当以学生为出发点,有益于学生认识自我、树立自信,有助于学生反思和调控自己的学习过程,从而促进能力的不断发展。在各类评价活动中,学生都应该是积极的参与者和合作者,通过评价使学生学会分析自己的成绩与不足,明确努力的方向。不难发现,强调评价方式的多元化、评价参与者的多元化和评价内容的多元化,实质是全面真实地评价学生的潜能、学业成就,以提供教学改进的信息,促进学生的发展。

课题负责人目前是上海市中青年团队建设项目成员,是上海市双名工程名师后备教师、上海市优青教师、浦东新区学科带头人、浦东新区物理学科中心组成员。本课题也是广大一线教师在教学实践中遇到的教学难题,正在依托研究团队一起进行实践研究,力求通过边实践边研究,逐步解决发展性评价的教学难题。也希望通过本问题的研究,对初中阶段的评价实践提供切实可行的意见和建议,试图克服目前在发展性评价实施中存在的不足,形成一套具有实践操作的发展性评价量表,提升学生的科学素养。

二、研究目标

1. 通过研究物理探究实验中的发展性评价要素,培养学生的实验动手能力。

2. 通过研究物理探究实验的评价设计,培养学生进行科学研究的精神,制订物理探究实验中的发展性评价量表。

3. 通过物理探究实验教学中发展性评价量表的制订,提升学生的科学素养。

三、研究方法与过程

（一）研究方法

1. 文献资料研究,理论归纳。（研究准备阶段）

2. 以行动研究、经验总结为主。（探索实验阶段）

3. 采用实验法,点面研究相结合。（验证阶段）

4. 理论概括、整理资料,归纳总结、经验汇编。（总结阶段）

（二）研究过程

本课题采用整体设计、分段实施的办法,运用评价手段检测实验的效度。

◆ 准备筹划阶段

1. 筹建课题组,确定课题,明确各研究内容的负责人。

2. 各负责人制订具体实施方案,明确最终所要达到的目标,并设计最后的成果展示形式。

3. 制订和健全学习和交流的制度。

4. 方案制订后,请有关专家提出修改方案,并进一步做可行性和可能产生的效果分析,最终完善方案。

◆ 具体实施阶段

1. 操作实施,反馈沟通。

2. 打造合力,以生为本。以学生为中心,旨在培养学生的兴趣与爱好。要根据学生的需求和实际可能,因势利导,促进研究活动有效开展。

3. 定期小结,反思提升。撰写活动案例,总结活动经验,提炼活动规律。

◆ 课题总结阶段

1. 分析总结课题实施过程中的情况,撰写课题研究报告,为结题做准备。

2. 实验教师撰写研究论文和结题报告。

四、研究内容及实施过程

1. 探究实验教学中发展性评价的文献研究。及时了解国内外在该领域内的研究状况,探讨发展性评价在初中物理探究实验教学中的特征和功能。

2. 通过学习一系列教学大奖赛的课例和评价标准,研究发展性评价在初中物理探究实验教学中有效实施的途径和可行的操作方法。课题组围绕主题开展基础型课程的教学研究课活动。

进行教师分组。

主题:初中物理教学中实施发展性评价提升学生科学素养的研究。

教师分组:校内组——本校5位物理教师;校外组——兄弟学校10位物理教师。

校内组:组织参加教师说课,说课主题是"实施发展性评价提升学生科学素养",介绍如何细化评价指标,提升哪些方面的科学素养。本校教师分年级参加3节指定教学内容的教学研究课。组织课题组成员进行听课;组织课题组成员进行评课,评课主题"实施发展性评价提升学生科学素养";初步制定评价量表。

校外组:组织参加教师说课,说课主题是"实施发展性评价提升学生科学素养";介绍如何细化评价指标,提升哪些方面的科学素养。选择5位教师进行借班上课;组织课题组成员进行听课;组织课题组成员进行评课,评课主题"实施发展性评价提升学生科学素养";校内组和校外组老师共同交流研讨,观课4节,观课内容是本学科国家及市级的教学大奖赛一等奖课堂视频。

3. 通过参与一系列探究实验教学的听评课活动,研究制定物理探究实验中的发展性评价量表。

合作观课,修订完善发展性评价量表,结合大奖赛的课例进行实证性研究;对每一个要素指标都要记录实施过程和效果,同时进行实验的比较,寻找规律。并根据实施的情况和反馈的结果,及时调整方法。课题组成员进行总结、反思,如有变动,及时调整研究方案。围绕"初中物理教学中实施发展性评价提升学生科学素养的研究",研究提升学生科学素养的评价指标体系。修订两组的量表,并汇总形成组内共识的评价量表。

案例1 动能

一、教学研究背景

二、教学研究设计

1. 本节课的教学目标

	三维目标	发展性评价目标	关于学生科学素养的关键词
知识与技能	知道动能的概念及影响动能大小的因素。经历"生活观察——活动体验——提出猜想——实验探究"的过程,关注"从生活走向物理",感受科学研究过程中控制变量法、归纳法的运用。	敢于发表自己的观点,敢于提出如何比较物体动能大小的疑问;在小组交流"如何比较物体动能大小"和"如何保持小车速度不变"时,能准确表述该方法,并能采用这些方法准确进行实验。	逻辑思考能力、观察能力

续表

	三维目标	发展性评价目标	关于学生科学素养的关键词
过程与方法	经历"活动体验——方法改进——技术提升"的过程,感受思维深度的不断拓展。	在多次学生实验操作中准确找到比较物体动能大小的方法,并能借助现代化工具改进实验,完成探究实验,在运用科学方法分析实验现象和归纳实验结论以后,能在小组讨论的基础上对自己所选择的科学方法进行反思或对他人的反思进行评价。	实践创新、勇于探究、勤于反思
情感态度与价值观	在活动设计、技术改进、实验探究的过程中,初步养成严谨的科学态度,感悟科学技术的发展对实验创新的重要性。	在运用科学方法完成探究实验、运用科学方法分析实验现象和归纳实验结论以后,能主动地对自己所选择的科学方法进行反思或对他人的反思进行有证据的评价。	严谨、实事求是

三、教学研究实施与分析

教学环节	发展性评价教学目标	教学设计与实施 反思性对照	学生的反应或感受	点评
导入	培养学生敢于提出问题的能力。	**设计** 通过"手枪打苹果"实验导入新课。 **实施(附照片)** 师:今天我们先来练习射击,老师这里有一把手枪,请一位同学上来打苹果,其他同学请注意观察苹果的变化。 生:…… 师:为什么会这样?为什么会这样?为什么会这样呢? 生:……能量。 师:这种能量有什么特点吗?我们来模拟一下整个情形。小车代替子弹,鸡蛋代替苹果,同学们想一想,如何让小车具有对鸡蛋做功的本领?现在开始实验。	积极踊跃、兴趣高涨、充满好奇。	情境创设比较有新意。

续表

教学环节	发展性评价教学目标	教学设计与实施反思性对照	学生的反应或感受	点评
		反思 "手枪打苹果"环节设置成演示实验，学生的视觉感受效果不是很明显，以致冲击力不足，需要教师进行解释，导致引入时间有点长。		
		改进 请学生上台操作，或者把实验装置移到投影机下面操作，通过大屏幕投影出来，效果会更明显。		
实验方案设计	发展学生质疑能力、促使学生大胆表达。	**设计** 从学生的体验活动出发，由最初依据观察鸡蛋蛋壳的破碎程度比较物体动能的大小进行分析，通过设问启示解决问题的方向，使学生在经历操作、体验、思考后自主得出利用被撞击物体移动的距离判断撞击物体动能的方法，最后通过师生讨论得出利用滑块代替原有鸡蛋对实验进行改进的方案。		既有问题提出，又能找到解决问题的方法。
		实施 那么就让我们通过实验来探究动能大小是否与速度有关，是否与质量有关。同学们觉得应该用什么方法来探究动能大小跟哪些因素有关？	敢于提问、大胆交流、引起共鸣。	

教学环节	发展性评价教学目标	教学设计与实施 反思性对照	学生的反应或感受	点评
		生：控制变量法。 师：如果我们要探究动能大小与速度的关系，你觉得我们要如何控制变量？ 生：我们要保持小车的质量不变，以不同的速度去撞击鸡蛋。 师：控制质量相同，改变小车的速度。如果要研究动能与质量的关系呢？ 生：保持速度不变，用不同质量的小车去撞击鸡蛋。 师：好，很好，请坐。 师：我们可以用这样的方式来进行研究，那么实验中通过观察什么现象来准确判断小车动能的大小呢？刚才同学们通过什么方法来判断动能大小的？ 生：观察鸡蛋破损的程度。 师：这里有一个破损的鸡蛋，这里也有一个破损的鸡蛋，它们两个破损程度相同吗？ 生：不太明显。 师：其实蛋壳的破损程度只能大致反映小车动能大小，有什么更好的办法吗？同学们可以小组讨论，看看有没有更好的办法？好，开始。 生讨论中。 师：同学们有结果了吗？哪个小组来说说看，有没有更好的办法来判断小车的动能大小？ 生：在小车前面放一个相同质量的物体，然后用小车撞击这个物体，来看物体移动的距离。 师：移动的距离。也就是用了我们之前的哪一个知识？ 生：做功的知识。 师：老师这里就有这样一个东西，这个滑块，小车其实可以推动这个滑块向前运动，而且可以避免像这支笔一样推出		

续表

教学环节	发展性评价教学目标	教学设计与实施反思性对照	学生的反应或感受	点评
		去，然后通过滑块移动的距离就可以判断什么？ 生：动能大小。 师：好，老师现在把滑块给大家。 **反思** 通过学生自己动手操作的小实验发现问题，学生兴趣会浓厚，进一步探究的欲望强烈；同时渗透小组互评环节，各小组间进行交流评价，有利于在质疑环节进行问题的集中，学生们能寻找出共同面临的实验问题，引起学生们的共鸣，为后续教学的有效展开做了很好的铺垫。		
探究实验过程	培养学生勇于探究、勤于反思的能力，敢于在探究实践中创新。	设计 实施 反思		
	综合反思	本节课的设计力求突出质疑和释疑环节，质疑实验中如何比较物体动能的大小、质疑如何控制小车速度不变两个环节。经过学生讨论、共同改进实验、借助电动乐高小车实施探疑释疑，并在释疑环节讨论总结动能大小与质量、速度的关系，教学过程中尝试结合项目组的小组评价量表来激励学生在实验研究中大胆质疑和释疑，寻找解决问题的方法，力求开发学生潜能，提升学生综合素养。 本节课前后设计中主要围绕凸显质疑和释疑两个环节进行改进，改进之一是质疑如何提出比较物体动能大小的问题。传统教学中，设计本节课多数是采用教师直接提供实验器材小车、轨道、滑块等，直接告诉学生观察小车撞滑块实验中滑块移动距离的远近来判断物体动能的大小。参加项目后这节课进行了再设计，改变了直接告知具体操作的方法，而是重点突出质疑，让学生在体		

教学环节	发展性评价教学目标	教学设计与实施反思性对照	学生的反应或感受	点评
		验小车撞鸡蛋的基础上提出问题，接着师生共同实验寻找改进方法。目的是培养学生的质疑能力，让学生通过自身体验提出问题并在多次体验过程中找到改进方法。 改进之二是质疑如何控制小车速度保持不变的问题。传统教学中，设计本节课多数是使用大小相同的力推动小车，或者是从高度相同的斜面同时滑下；参加项目后这节课进行了再设计，没有提供斜面，而是引导学生在使用大小相同的力推动小车环节对实验中控制小车速度保持不变的精确性进行质疑，并通过使用电动乐高小车精确控制小车速度，并现场实验解决这个问题，目的是培养学生的质疑能力，同时也感受到科技给生活带来的变化。 改进之三是释疑探究实验结论的环节。传统教学中，设计各小组交流自己的实验结论，然后教师进行总结；参加项目后这节课进行了再设计，请各小组合作，边演示自己小组的实验，边交流实验结论，还增设小组间的自评和互评环节，并且在评价环节要附上评价依据，目的之一是留充分时间给学生展示交流，培养学生的表达能力；之二是通过附上评价依据使学生间评价逐步减少主观影响，保证评价的客观性，同时无形之中也给学生明确学习发展的方向，目标性更明确。		

五、研究成效

针对当前初中物理课堂教学中存在的获得知识与培养全面科学素养之间、追求考试成绩与课堂教学改革之间、培养学生的应试能力与培养全面发展的人之间的矛盾，寻找解决矛盾的途径。通过课题实验的开展和课题研究成果的应用，改革教师的教学行为，改变学生学习物理的方式，全面落实《全日制义务教育物理课程标准》的目标要求。

1. 唤醒了物理教师的专业化发展意识

学生的内涵和教师的内涵是课堂体现其生命力的关键所在，学生要展示的内涵，并不是背过所有的知识点，也不能限于解出题目的答案，说出解题的理由，而是应引导学生通过例题说出考查的内容、用到的方法。这样才能最大限度地发挥学生的主观能动性，提高学生的学习能力。教师的内涵则包括教师的专业素养，对教材的挖掘和改造能力，对知识和课堂的驾驭能力，等等。只有二者高效结合，才能全面提升学生的科学素养。

2. 构建起生态的课堂教学

确立中学物理课堂教学的生命价值取向。中学物理课堂教学的实施发展性评价提升提出,主要是针对以往课堂教学中常常忽视人的存在,忽视世界上最具独特性和主动性的生命,忽视教师是一个具有多种需要和能力、具有无限发展可能的人,忽视学生是一个个独特的个体,把注意力转移到了知识、手段、操作、工具等一些外在事物上,把方式、手段异化为目的,遗忘了对生命本身的关照。充分认识课堂教学中人的地位和生命的价值,全面提升学生的科学素养是构建初中物理生态课堂的重要内容。

六、反思感悟

课堂教学是学校生活的最基本构成,其改革一直以来都是基础教育改革的焦点。课堂的质量直接影响学生的多方面发展和成长,影响教师对职业的感受和专业水平的提升以及生命价值的体现。可见,课堂教学对于每位参与者(教师、学生)都具有重要的个体生命价值,所以叶澜教授说"课堂教学蕴含着巨大的生命力,只有师生的生命活力在课堂上得以有效的发挥,才能真正有助于学生的培养和教师的成长"。因而,我们的课堂教学应以"教育的真正目的在于帮助生命正常发展,教育就是助长生命发展的一切作为"为理念,使之焕发出生命的活力。在新课程背景下,构建促进师生共同发展的课堂则成为我们教师新的追求。

通过课题实验的开展和课题研究成果的应用,进一步理清发展性评价与日常结果性评价的区别,发展性评价指标与物理学科科学素养的具体针对性和关联性,科学运用发展性评价,提高学生的科学素养,提高学生学习生活的生命质量,提高教师的教学水平,提升教师职业生涯的生命价值。

参考文献

[1] 叶澜.新基础教育探索性研究报告集[M].上海:上海三联书店,1999.
[2] 吴亚萍,吴如玉."新基础教育"发展性研究专题论文·案例集(下)[M].北京:中国轻工业出版社,2004.
[3] 强光峰.让教学更生活:体验运用让学生内化知识[M].重庆:西南师范大学出版社,2011.
[4] 刘明远.布鲁姆的教育理论贡献[J].江苏教育,1998.21.
[5] 陈珍国.网络环境下物理教学设计理论与实践[M].上海:上海教育音像出版,2009.
[6] 孙明霞.心与心的约会:孙明霞的生命化课堂[M].北京:中国轻工业出版社,2010.
[7] 石中英,王卫.基础教育新概念丛书:生命化教育[M].北京:教育科学出版社,2010.

上海市洋泾中学南校

2021.12

教师论文

浅谈初中物理课堂教学中生活化教学事件的类型及设计

史 克

摘要：中学物理课程以"从生活走向物理，从物理走向社会"为具体操作理念；以贴近学生生活，符合学生认知特点，激发并保持学生的学习兴趣为课程目标；以探索物理现象，揭示隐藏其中的物理规律，并将其应用于生产生活实际为课堂价值导向。这就要求教师应从学生的生活经验和已有的知识背景出发，联系生活教物理。把生活经验物理化，物理问题生活化，体现"物理源于生活，富于生活，用于生活"的思想，以此来激发学生学习物理的爱好，深刻体会现实生活离不开物理，物理是解决生活问题的钥匙，从而增强学习物理的目的性、实践性，增强学习物理的欲望和兴趣。生活化就是指将学生从抽象、虚拟的课本知识中解脱出来，给学生感受自然、社会、事实、事件、人物、过程的机会，使学生在与实在世界的撞击、交流中产生对世界、对生活的爱，从而自发地、主动地去获取知识。生活化事件是指生活中发生的事。生活化教学事件是指含有教育意义的生活事件，即事件本身蕴含了一定的教育意义。本文在对生活化教学事件诠释的基础上对生活化教学事件进行了分类和设计，并结合初中物理课堂教学内容对传统教学设计及项目研究再设计进行了对比，旨在为学生创设轻松、愉快的课堂生活环境，引导学生主动参与知识探究，主动合作，主动发展，在获得知识的过程中增加积极的情感体验，促进学生有效学习。

关键词：初中物理；课堂教学；生活化教学事件

一、问题提出

中学物理课程以"从生活走向物理，从物理走向社会"为具体操作理念；以贴近学生生活，符合学生认知特点，激发并保持学生的学习兴趣为课程目标；以探索物理现象，揭示隐藏其中的物理规律，并将其应用于生产生活实际为课堂价值导向。大力培养学生终身的探究乐趣、良好的思维习惯和初步的科学实践能力。这就要求教师应从学生的生活经验和已有的知识背景出发，联系生活教物理。把生活经验物理化，物理问题生活化，体现"物理源于生活，富于生活，用于生活"的思想,以此来激发学生学习物理的爱好,深刻体会现实生活离不开物理,物理是解决生活问题的钥匙,从而增强学习物理的目的性、实践性,增强学习物理的欲望和兴趣。

本课题研究能让物理教学走入生活,使生活实际成为物理教学的内容。本课题符合物理学科本身的特点:物理学科是一门自然学科,物理学中的所有理论都来源于实际生活,同时又指导着我们的生活,生活中每一个新产品的构思、制造到能成为人们生活中必不可少的生活用品都离不开物理学。本课题符合学生的认知规律,即物理学习是一个复杂的过程,物理学习始于物理情境对学生的刺激,它包括要观察的自然现象、由实验显示的物理现象、以文字或语言表述的物理现象和过程、具体的实验任务、具体要解决的问题,当然还包括物理教师、物理教材和参考书、实验仪器设备、同班同学等。而这些内容本身就来自直观的生活实际。学生通过各种感觉器官将物理环境转为神经信息,就物理学习的主线而言,是把与典型的物理情境有关的信息传给大脑,而感知物理现象过程一般要经历感觉、知觉和表象三个过程,学生只有对物理事实、物理现象和物理过程有了明确的印象,积累一定的生动具体的感性知识和一定量的数据,才能发掘出有待探索的问题,为进一步的思维活动(形成概念和掌握规律)提供线索和依据,完成由感性认识到理性认识即由具体到抽象的第一次飞跃。然后再通过解决物理问题,进行有效的巩固深化和活化概念与规律。这样才实现了思维从抽象上升为具体、知识从弄懂到会用的目的。

生活化物理事件可以始终贯穿于学习过程。从概念的引入的角度来看,学生在获得大量生活经验的基础上,通过分析、对比、综合、归纳等思维活动,分析该类物理现象的共性,从而提出新的概念。这样可使学生感到物理概念就在生活中,有利于培养学生善于观察、勤于思考、乐于分析的良好思维品质和习惯。从培养思维能力的角度来看,一系列思维活动的开展首先要建立在学生感兴趣的基础上,因为"兴趣是最好的老师","一切有成效工作必须以某种兴趣为先决条件"。学生对某学科的学习越感兴趣,对学习的信心也会越来越高。兴趣不仅能启迪学生的智力,使之处于最活跃的状态,而且也能弥补智能的不足。而生活化事件在物理教学中的引入无疑会满足学生的这个要求的,因为熟悉生活事例对学生有较强的亲和力。因为注入了生活实例,使学生所学的知识成为有用的知识,能让学生经常享受到成功的喜悦。克服了物理太难学,耗时多而且收获少的现象,能把所学的知识与生活现象结合起来,使学生对物理产生了浓厚的兴趣,同时也培养了学生的自信心。物理教学的"生活化"为物理教学提供了广阔的内涵。综观物理教材中的每一个知识点,从概念的引入到规律的应用,我们都可以从生活中找到。

本课题正是从以上背景出发提出的,它以促进学生学习兴趣为目标,将现行教材中枯燥、脱离学生实际的内容还原为取之于学生生活实际并具有一定真实意义的物理问题,以此来沟通物理与生活实际的联系,激发他们学习物理的兴趣,并让他们在探究生活问题的过程中理解、学习和发展物理。为学生创设轻松、愉快的课堂生活环境,引导学生主动参与知识探究,主动合作,主动发展,在知识的获得过程中造就良好积极的情感体验,促进学生有效学习。让学生真正体会到物理学习的趣味性和实用性,让学生去发现、探究趣味的生活背景中蕴藏着丰富多彩的物理知识,更加主动地学习物理并为发展物理奠定良好的基础,实现满足社会和个人的教育价值需求。

二、生活化教学事件的内涵

生活化就是指将学生从抽象、虚拟的课本知识中解脱出来,给学生感受自然、社会、事实、事件、人物、过程的机会,使学生在与实在世界的撞击和交流中产生对世界、对生活的爱,从而自发地、主动地去获取知识。

生活化事件是指生活中发生的事。生活化教学事件是指含有教育意义的生活事件,即事件本身蕴含了一定的教育意义。

三、生活化教学事件的类型及设计

(一) 进行类比的生活化教学事件

进行类比的生活化教学事件是指利用学生熟悉的生活场景对学生学过的相关物理知识进行类比,进而引出本节新知识的过程。

例如:《电压》一节中,设计学生熟悉的用抽水机抽水的生活场景,组织学生从抽水机中水流流动来类比电路中电流流动的教学过程。

【传统教学设计】 多数是教师用 Flash 动画来制作电流流动过程,通过投影系统呈现出来。

【项目研究再设计】 教师根据电路中电压和电流的关系,自制模拟水流冲动涡轮机转动的实验装置,设置学生熟悉的抽水机抽水的生活场景,激发学生学习兴趣;接着运用类比的方法,让学生体会用"水流"类比"电流"、"水压"类比"电压",把抽象的物理知识形象化,进而建立电压的概念,从而突破教学难点。

(二) 引出问题的生活化教学事件

引出问题的生活事件是指通过从生活中挖掘实验素材,设计成一个生活小场景,并通过这个小场景能引出课堂教学中接下来要研究的问题。

例如:《电功率》一节中,设置的生活场景是用大家熟悉的家庭电路中电能表转动来引出为什么灯泡亮的电表转动快,灯泡暗的电表转动慢的问题。

【传统教学设计】 多数是采用教师直接列举生活中台灯等实例,说明小灯泡亮度是可以改变的。

【项目研究再设计】 改变了直接告诉具体操作的方法,而是设置了一个生活事件,教师用家用电表、白炽灯等器材连接一个闭合电路,现场模拟家庭电路的操作,引发学生的共鸣,当电键闭合时,电能表转动,当电键断开时,电能表停止转动;而且小灯泡越亮时电能表转动越快。组织学生观察小灯泡的亮度不断发生改变,让学生在亲身经历中提出问题,接着师生共同实验寻找改进方法,最后得出改进方法,同时也为后续研究电表转动的快慢表示什么做好准备。

（三）揭示道理的生活化教学事件

揭示道理的生活事件是指通过师生讲述蕴含物理知识的小故事来揭示物理道理的生活事件。

例如:《阿基米德原理》一节中设计讲述一个真实故事的生活事件来加深学生对著名的阿基米德原理的理解。

【传统教学设计】 多数是播放一段实验视频,或者直接给出实验方案组织实验探究。

【项目研究再设计】 教师讲述一个故事:相传亥尼洛国王做了一顶金王冠,他怀疑工匠用银子偷换了一部分金子,国王要阿基米德查出它是不是纯金制成,并且不能损坏王冠,阿基米德捧着这顶王冠整天苦苦思索。有一天,阿基米德去浴室洗澡。他跨入浴桶,随着身子进入浴桶,一部分水就从桶边溢出,阿基米德看到这个现象,头脑中像闪过一道闪电,"我找到了!"他忘记了自己裸露着身子,从浴桶中一跃而出奔向街头,狂呼"我找到了、我找到了!"发现真理时精神上的快乐是一般人无法想象的。这一次呼声实际上也就宣告了阿基米德原理的诞生。学生听故事的同时在不断揣摩阿基米德到底是怎样检测出王冠是不是纯金的,阿基米德故事蕴含着什么物理知识。通过设计这样的生活事件能使学生印象深刻,便于理解蕴含的物理知识。

（四）展开实验探究的生活化教学事件

展开实验探究的生活事件是指挖掘生活中与某些物理知识紧密联系的素材,并在课堂教学中通过一个事件呈现出来,激发学生探究兴趣,引导学生进行科学探究得出相关隐含的物理知识的过程。

例如:《平面镜成像》一节中模拟商场试衣间试衣服照镜子的场景,组织学生照镜子,引导学生探究平面镜成像特点的生活事件。

【传统教学设计】 多数是直接下发实验器材,并介绍实验器材,教师组织学生进行探究实验。

【项目研究再设计】 课堂教学中组织学生模拟商场试衣间试衣服照镜子的场景,通过学生现场照镜子,发现了完全一样的镜中"我",此时学生研究兴趣浓厚,接着组织学生利用手中的实验器材去探究镜中"我"有哪些特点,并交流得出平面镜成像的特点。

（五）进行质疑的生活化教学事件

进行质疑的生活事件是指通过设计引发学生认知冲突,产生异议的生活场景,培养学生的质疑能力。

例如:《动能》一节中设计的质疑生活事件是质疑如何提出比较物体动能大小的问题。

【传统教学设计】 多数是采用教师直接提供实验器材小车、轨道、滑块等,直接告诉学生观察小车撞滑块实验中滑块移动距离的远近来判断物体动能的大小。

【项目研究再设计】 改变了直接告诉具体操作的方法,而是重点突出质疑,让学生在小实验小车撞鸡蛋中体验的基础上提出问题,如何比较物体动能的大小,接着师生共同实验寻找并得出改进方法。目的是培养学生的质疑能力,让学生通过自身体验提出问题并在多次体验过程中找到改进方法。

再如:《动能》一节中设计的质疑生活事件是质疑如何控制小车速度保持不变的问题。

【传统教学设计】 多数是使用大小相同的力推动小车,或者是从高度相同的斜面同时滑下。

【项目研究再设计】 没有提供斜面,引导学生在使用大小相同的力推动小车环节,质疑实验中控制小车速度保持不变的精确性,并通过使用电动乐高小车精确控制小车速度保持相同并现场实验解决这个问题,目的是培养学生的质疑能力,同时也感受到科技给生活带来的变化。

参考文献

[1] 叶澜.新基础教育探索性研究报告集[M].上海:上海三联书店,1999.
[2] 吴亚萍,吴如玉."新基础教育"发展性研究专题论文·案例集(下)[M].北京:中国轻工业出版社,2004.
[3] 孙文质.生命化教育的责任与梦想[M].上海:华东师范大学出版社,2011.
[4] 孙明霞.心与心的约会:孙明霞的生命化课堂[M].北京:中国轻工业出版社,2010.
[5] 石中英,王卫.基础教育新概念丛书:生命化教育[M].北京:教育科学出版社,2010.

浅谈考古文博资源在中学历史教学中的意义

吕玉冰

摘要:在课程改革的引领之下,为了提供更加多样化的历史课程,教师需要积极开发校外课程资源。目前,国内的考古学飞速发展,博物馆建设已经相对成熟,相当一部分博物馆拥有包括线上数字博物馆在内的丰富资源,可以为中学历史教学提供直观有趣的课程资源,从而激发学生的学习兴趣,提高学生的历史核心素养,尤其是史料实证方面的能力。考古文博资源在中学历史教学中能起到培养史料实证核心素养,以及证史、正史、补史的作用;具有形象、直观、生动的特点,适应学生身心发展特点和认知规律,能够激发学生的学习兴趣;有的还具有审美教育价值。

关键词:考古文博资源;中学历史教学;课程资源

新课改背景下,历史学科五大核心素养的培养受到大家的广泛关注,其中史料实证是指通过严谨的方法获取可靠的史料,并以此再现历史本来面貌的方法。历史实证在教学实践中最突出的表现就是运用文献、考古实物等史料进行教学以及对基本史实进行考证。中学历史教学中引入考古文博资源,用真实的实物去证实历史,而不是靠推演和猜测,既直观形象又科学严谨。何谓考古文博资源? 大抵是通过科学的考古手段发掘并存放、展示于博物馆的"人类社会生活的物质文化遗存,它包括人类各个历史时期生产、生活、衣、食、住、行及文化、艺术、科学技术等各个方面的遗物、遗迹。"[①]将考古文博资源引入中学历史教学,在中国古代史教学中有着重要的意义。

文物的作用与价值关系十分密切,两者不只是表现在对具体文物的研究和对个别问题的阐明,更主要的是把微观研究的成果综合起来,从宏观上研究各个历史时期人类社会活动的各个方面及其相互联系、相互制约的社会关系,从而从不同的侧面探索和解释人类社会发展的客观规律性,因此文物除了具有提供史料的作用外,还起着教育和借鉴的作用。[②] 因为文物价

---

① 吴诗池:《文物学概论》,上海文艺出版社,2011年,29页。
② 王宏钧:《中国博物馆学基础》,上海古籍出版社,2017年,5—6页。

值、作用的微观研究会综合起来在宏观上反映人类社会活动,所以依托于文物所研究总结出来的历史更具有客观性。考古文博资源在中学历史教学中能起到培养史料实证学科核心素养的作用,尤其是史料实证方面。具体来说,考古文博资源所提供的实物史料的作用主要体现在证史、正史、补史方面。

证史主要是对史籍的证实,我们今天所熟知的历史都是通过文献资料来获知的,有当时的人所著述的,也有后代人根据人们的口口相传或前面的文献著述整理的,尤其是中国古代历史,二十四史的记载证明了中国历史的连续性,是中国社会几千年的发展记录,现在也逐渐被考古发现所证实。但是史前时期,只有一些传说的记载,人们并不能够真实地窥见史前历史,就需要依靠更多的文物进行证实。正史主要是校正史书中的错误与纰漏,正史一般由当时的人撰写,也有后朝为前朝撰写史书的,都具有一定的政治色彩和主观色彩。而在后面的流传过程中也会有后人的整理修改等,容易形成以讹传讹。文物记载着历史本来的面目,可以订正史书中的记载错误。补史表现在为研究没有文字记载的史前史提供可靠的实物资料,填补历史的空白。文物的史料作用决定历史研究离不开文物。

统编本初中历史教材《中国历史》第二册第十七课《明朝的灭亡》中,讲到了三支队伍的较量,一支是病入膏肓的统治阶层明朝廷,一支是以李自成与张献忠为代表的农民起义军,另一支是兴起于草原的后金政权。教材在本节将重点放在两部分:一是明朝腐败的社会现状,二是李自成推翻明廷。教材对明末的社会民变仅以其中最为强大的李自成农民政权为例进行分析和解读,但是教师在课堂时间充裕的情况下,完全有必要将部分农民军的起义史实作为补充,旨在揭示明廷的腐败引起的不是局部的灼伤,而是千疮百孔的溃烂。此处,我们在课堂中可以介绍的另一支农民军的起义,也就是与李自成密切相关的张献忠起义军团。这里以"张献忠沉银遗址"为切入点是不错的选择,既可以增加趣味性,又可以强调王国维"二重论据"发挥的巨大作用。教师可引导学生阅读如下文献资料:"丙戌,正月,献忠尽括四川金银,鞘注彭山县江(畔)。"学生运用所具备的文言知识进行翻译,进而得出理论上的沉银史实。同时,通过以下考古方面的证据,引导学生思考:

(一) 2005年4月,彭山县江口镇的岷江河道挖出七件银锭,彭山县的研究员方明等对其进行研究,七枚银锭均藏于木筒内,出土的银锭正面分别注明其产地,目前较为清楚的产地是湖北京山县、湖南沅陵县、湖南湘潭县、湖南巴陵县、湖北黄冈县等,这与张献忠转战湖北、湖南、四川的路线均一致。

(二) 这并不能充分说明出土的银锭一定是张献忠沉银的样本,就在考古陷入绝境时,1993年四川地勘大队的考察结果的公布为我们提供了新线索。1993年,勘测队的李明雄以200米为间隔对岷江江口的两公里进行了勘测,在短短的7天,勘测队就发现7处可能埋藏金银的地点,其中一个点正与方明2005年发现的7枚银锭的位置一致。

这样的尝试由于课时受限,次数不会很多,但是却实现了考古学与史学在课堂上的生动结合。

　　考古文博资源的教育性体现在文物本身就是物质文化存在的实体,具有形象、直观、生动的特点,适应学生身心发展特点和认知规律,能激发学生的兴趣,这是其他的教育载体所无法替代的。比如,部编版初中历史教材《中国历史》第一册的第二课是《原始农耕生活》。众所周知,商代之前的历史无当时的文献记载,考古学是最科学的再现远古历史的方法。这就要求教师在这一段的讲述中,紧扣新近的考古资料,展示最新的农业考古成果,为学生带来准确的考古解读的同时,打破课堂枯燥的氛围,充分调动学生的想象力。1956年,中国社会科学院对屈家岭进行了第二次挖掘,在遗址中发现了带稻谷壳的红烧土,对稻谷壳的检测报告中指出,含在土中的稻谷壳,可以看见其淡秆黄,进而放大碎片看,可以看出谷壳上稻面有齐整的格子状的颗粒凸起,同时从标本、粒形等可以判断这是粳稻,这也与现代粳稻的品种最为接近。这些直观的考古证据要向学生进行展示,同时引导学生就其考古资料的实证作用进行归纳,得出如下结论:将粳稻的种植时间由汉朝上溯至距今四五千年。通过碳十四追踪,该稻谷壳距今已有6000余年,这使学生认识到:屈家岭的这一发现,成为推翻中国稻作农业的外来说的有力证据;稻壳作为居所建筑原材料的组成部分,说明水稻的产量已经不容小觑。引导学生思考稻谷成为建筑原材料的成分的意义。水稻用于建筑原料说明定居式农耕生活成为其主要生存形式。人们依靠自己培育的谷物作为食物来源,由此定居下来,形成大规模的聚落。

　　考古文博资源中有很多古代的艺术珍品,其具体形象生动承载着古代的文化艺术,方便后人认识、研究古代艺术,具有审美教育价值。在文化传承与发展上,正因为文物的具体存在,才可以为今天的艺术创作提供素材与灵感,借鉴古代艺术珍品的精华用之于今天的艺术创作之中,也是在继承、发扬优秀的历史文化遗产。部编版初中历史教材《中国历史》第一册的第六课《动荡的春秋时期》相关史实部分通过视频《国家宝藏》为学生介绍了越王勾践剑,课本除通过卧薪尝胆等成语赋予勾践剑以厚重的人文精神外,还引导学生对剑体本身加深认识,了解2000多年前的精良工艺。对该出土文物的认识,教师要围绕以下几个问题启发学生:

　　(一)采用高清勾践剑图像,向学生展示放大50倍、200倍、500倍,学生观察得出剑体上黄色树枝的纹络,教师同时向学生介绍这种树枝金的金相组织。

　　(二)向学生抛出:"勾践剑为什么会千年不腐?"引导学生总结出:勾践剑出土带剑靴;墓葬环境保护较好;选材较好,含锡且不含铅等;近距离观察剑柄的圆环,教师就剑柄的圆环工艺进行介绍,使学生感受剑柄十一环,环环0.2mm的间隔的工艺之美。

　　课本中文物插图,由于课时限制,这里不能逐一讲解,为帮助学生领略古代工艺创造力,教师应尽可能地选取一至两幅具有代表性的插图进行介绍,可以借助视频、高清图片等辅助完成。

参考文献

［1］宋雪地.对部编新教材《原始的农耕生活》一课的教学思考[J].中小学教学研究,2019(07).

［2］何莹莹.文博资源有效运用于中学历史教学的策略探讨[D].西安:陕西师范大学,2019.

［3］胡晋洲.考古资料在中学历史教学中的运用及意义[D].汉中:陕西理工大学,2018.

［4］杨莉娟.考古资料在初中历史教学中的应用[D].开封:河南大学,2016.

［5］吴诗池.文物学概论[M].上海:上海文艺出版社,2011:29.

［6］王宏钧.中国博物馆学基础[M].上海:上海古籍出版社,2017:5—6.

［7］方明,吴天文.彭山江口镇岷江河道出土明代银锭——兼论张献忠江口沉银[J].四川文物,2006(04).

情境教学法在初中口语课中的应用与研究

陆玮君

摘要:初中口语教学在近几年内愈发受到重视。情境教学法作为广泛使用的教学方法,在初中口语课堂中也发挥着必不可少的作用。本文对情境教学法在初中口语课中的应用进行了研究与总结。在本文中,分别对情景教学法定义、在口语教学中的原则、在口语教学中的应用方法和在口语教学中的优势展开探讨。

关键词:情境教学法;初中口语;应用

一、情景教学法定义

情境教学法源于20世纪20年代,由英国的两位学者哈罗德·帕尔默(Harold Palmer)和A.S.霍恩比(A.S. Hornby)正式提出。他们认为获得知识的最好办法是为所学内容先设立一个特定场景,在这个使用的情况下才会形成有用的知识。20世纪30—60年代,英国语言学家和教师广泛使用和设计情境教学法来教学外国语言。20世纪70年代后,我国引入了情境教学法。情境教学法主要是指教师通过创设一个特定、生动、具体、形象的情境,让学生体会到身临其境的课堂氛围。情境教学法可以调动学生的学习兴趣,激发学生的情感。在这个过程中,让学生更好地理解教学内容,从而达成教学目标。该教学法将言、行、情境融为一体,有很强的直观性、趣味性和科学性。

二、情境教学法在口语教学中的原则

1. 生活化原则

情境教学法需要围绕教学内容和目标设立一个场景,再通过情境将教学内容融入进来,使得学生身临其境。情境的科学设定对于是否能达成教学目标起着决定作用。而设置的情境越贴近生活,教学效果越好。特别英语作为第二语言,只有设置的情境是学生熟悉的生活化场景,学生才会有话可说并且敢说。所以,情境教学法要坚持生活化原则。在生活中找出课堂,将课堂融于生活。

2. 导向性原则

情境教学法要求以教学目标为前提，紧紧围绕教学目标展开。如果情境设定脱离教学目标，那么整堂课的情境设置就是失败的。而针对口语教学，我们更应该设置一些针对性较强的活动，比如英语演讲、英语故事比赛、英语表演等。通过这些活动，让学生的口语能力得到进一步提升。教师也要明确情境设置的目的，并且在目标明确的前提下，起到督促指导的作用。教师要鼓励学生大胆开口，敢于用英语做交流，鼓励他们用所学的内容表达和同学对话。

3. 交际性原则

口语课注重的是学生"说"的能力，且学习英语的目的是为了利用英语进行交流。因此，教师在设计情境时，要设计尽可能能让绝大部分学生都能参与进来的情境，并且设计的场景让学生有话可说，自然融于一个轻松愉悦的氛围中。如 6AM3U10 有一课涉及关于 healthy 比较级的内容。在这一课中，我的产出环节是让学生和小组内的同学作比较，看看谁的饮食是最健康的。最后每组最健康的学生进行相互比较，最后选出一个班级内拥有最健康饮食的学生。在组内比较和组外比较的过程中，学生们每个人都需要介绍自己的饮食并评价他人的饮食。这个活动也真正做到每位学生都参与到课堂的活动中。

三、情境教学法在口语教学中应用方法

1. 充分利用角色扮演，实现情境教学。

在口语教学活动中，都是以相应的教学材料为基础，从而展开后续活动。在所有情境教学方法中，角色扮演是使用最多且效果最显著的一种形式。在巩固所学内容的基础上，还能让学生注意到语音语调等细节方面。例如在朗读课文时，让学生去刻意模仿人物的语气和语调，从而进一步提升学生们的口语能力。并且角色扮演的方式会非常容易调动学生的积极性和兴趣。如 6AM2U4 Interviewing a doctor 中，活动形式是"新闻发布会"。让学生扮演接受采访的医生和进行采访的记者。角色扮演不仅能让学生参与进来，并且能切身感知英语的应用效果。

角色扮演的设定除了按照书本内容确定，还可将角色丰富化。在课文基础上，再加设几个符合文本的人物，让学生进行模仿表演。并且教师在分配角色时要关注学生与角色的匹配程度，从而将效果达到最大化。

2. 引导对话交流，创设生活化场景。

整个情境创设开始到结束，教师都要起到积极引导的作用。前文提到情境教学法的一个重要原则是生活化。而在真正创设情境时，就要做到创设与学生息息相关的生活场景。从生活场景导入，学生可以比较容易代入此场景，并且方便展开相关对话。教师要在学生的知识基础上加强与学生的沟通，提出高质量的问题，激发学生的思考，便于开展后续教学活动。教师始终都应该把控课堂的气氛、环节及流程进度。

3. 借助多媒体，实现情境拓展。

随着科技的不断发展，信息化技术已成为重要的教学工具。作为教师更是应该充分利用网络资源。互联网技术不仅可以将基础知识点以生动直观的形式展示给学生，更是可以实现情境教学的拓展。例如之前学习的课文中，提到了不同国家的食物。书上所展示的美国友人的食物仅局限于大家都知道的汉堡、薯条等。而我利用网络资源，为学生们拓展了其他美国常见但我们并不熟悉的食物，如玉米卷。对于课本中泰国人物的日常饮食，学生们更是一头雾水，于是又向他们展示了冬阴功、咖喱虾、芒果糯米饭。学生们不仅学习到了衍生的词汇，并且眼界也得到了相应的拓展。在借助这些资源的前提下，课堂上所能表达的内容又变得更丰富和立体。

四、情境教学法在初中口语教学中的优势

1. 有利于创设良好的语言环境。

英语与汉语一样，是一门语言。学习语言的最终目的是为了沟通。而为了在应试教育中取得高分，我们的教学过程中最容易忽略对"说"能力的培养。而根据美国语言学家克拉申的"第二语言习得理论"，语言学习是通过在自然交际中自然而然产生的结果。这一点指出了环境对语言学习起着非常重要的作用。在学习第二门语言的时候，情境教学法的提出也是完全贴合这一理论基础。而通过创设情境，能为口语教学构建一种真实的语言氛围，使学生沉浸在这种语言环境中，从而在情境中不断输出，锻炼自身的口语能力。

2. 有利于激发学生的自主思考能力。

新课程标准要求教师设计的教学活动与内容要能激发学生的思维。这一理念的提出，让我们看到了传统灌输式教学方法的短板与缺陷。传统的教学方法往往是 presentation（呈现）——practice（操练）——production（产出）三步骤。这三个步骤在课堂上落实下去，确实能对学生学习部分知识起着稳扎稳打的作用，但往往会限制学生的自我思考能力。而通过创设情境，学生往往可以在设定的场景中自由发挥，得到很多出人意料的结果。例如，在 6AU9 Picnics are fun 一课中，我们主要学习的是对食物单词和对提出建议句式的学习。在最后 post 产出的环节，创设了要去野餐的情境，我提问："What else can we buy for the picnic?"这个问题一下子激发了学生们的思考和热情，并且给出了五花八门的答案。如"camera""money""phone""shopping bags"，等等。而正是有了去野餐的情境假设，让学生都非常有代入感，并真正做到了激发他们的思考能力。

五、结语

总之，情境教学法在英语学科的各类型课程中都有着非常广泛的运用。在英语教学中运用情境教学，既能调动气氛，激发学生思维，锻炼学生综合能力，又能使学生有沉浸式学习的体验，养成良好的习惯。在此活动中，同时增强教学的互动性，激发学生学习英语的主动性，最终实现英语教学目标,提升中学生的英语素养。

参考文献

[1] 孙海婷.情境教学法在初中英语课堂教学中的应用[J].中国校外教育,2010(7):94.151.

[2] 陈秀英.情景教学法在初中英语教学中的应用[J].中国校外教育,2014(2):182.

[3] 辛祥红.初中英语情境化教学策略探析[J].考试周刊,2016,11(3):81.

[4] 孙永清.情境教学法在初中英语教学中的应用[J].名师在线,2017(3):

[5] 徐雨莲.初中英语情景教学法实效性研究[J].高考(综合版),2014,12(1):12.

优化英语课堂,融入生活化教学

戴沈青

中国伟大教育家陶行知曾提出"生活即教育""社会即学校""教学做合一"等观点,即把生活本身当作一种教育来进行,生活中的一切事物都可以作为学习的对象,教给我们知识,强调在亲自"做"的活动中获得知识。反之,要反对传统教育与生活、社会相脱节。陶老先生的生活教育法对当时的教学改革有积极作用,对教师有了新的要求,要求教师尊重学生,注意教学之外的生活,指导学生在实际的活动中学好本领,培养他们的生活能力。从这个意义上讲,这对我们现在的英语课堂也有很多启发之处。

一、生活化课堂的本质

课堂是师生互动和心灵对话的舞台,是学生的精神家园和实践空间。而生活化课堂则是要引导学生关注社会生活。传统教育的致命弱点是教人读书,而生活教育理论则要求教育从课堂和书本中走出来,去关注社会生活,即关注生活重于关注书本。以生活为中心的教育,不仅使书本知识变活,而且使师生开阔视野,从社会生活中获取综合的多方面知识,从而获得思想和精神力量。生活化课堂就是要求教师在课堂教学中,将书本知识联系生活实际,使书本知识活起来,引发学生的学习兴趣和学习积极性。在课外,教师指导学生开展各种活动,如"主题性教育活动""研究性教育活动"。让学生融入家庭、融入社区,去观察、去感受、去锻炼、去分辨,以吸收有益的思想和知识。它关注学生的直接经验,是学生学习活动的基础;也关注学生可能的生活,即未来可能生存和发展的生活方式,源于生活,又高于生活;同时还关注学生的现实生活,关注学生每一天的健康成长。

二、课堂生活化的原因

课堂是师生互动和心灵对话的舞台,是学生的精神家园和实践空间。常规的英语课堂通常枯燥乏味,尤其是长篇的阅读课、复杂的语法课等,往往难以激起学生的学习兴趣。所以,英语教学需要放入学生熟悉的生活情境和感兴趣的事物中去,提供观察与操作的机会,使学生感受到英语的运用就在日常生活中。

某中学对于该校不同年级的学生进行的一份"英语生活化课堂调查问卷"显示(见图2-

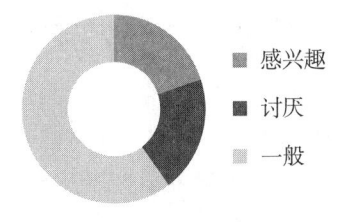

图 2-1 英语课堂喜好调查

1)，有20%的同学喜欢英语课，有20%的同学讨厌英语，其他60%的同学感觉一般，不喜欢也不讨厌，这种数据其实和大多数学生的学习情况是一致的。众所周知，英语是人文学科中尤其重要的一门学科，学生也知道英语学科的重要性，是什么原因导致学生不青睐这门学科呢？

通过调查问卷的第二部分，可以得到23%的学生能用所学英语看懂生活中简单的指示或标志，而67%的学生偶尔能用所学英语去解决实际问题，又有10%的学生不能做到这一点。60%的学生英语不能脱口而出，23%的学生视情况而定，仅17%的学生能够做到英语脱口而出。究其原因，主要表现为词汇积累情况不够好，没有形成英语思维。因此，通过上述数据可见，学生对英语的喜欢程度不深主要是他们不能用所学的英语知识去解决生活实际问题，即使他们认为英语重要，但因为不能运用于生活，所以喜欢英语程度低下也在情理之中。而在对"你期待的英语课是什么样"的问题之后，得到的答案竟是惊人的一致。他们的回答集中体现为"气氛活跃，生动有趣，学生积极主动参与，在快乐中学习，在学习中快乐"。因此，活化教材内容，知识从生活中来，用到生活中去，塑造生活化的英语课堂迫在眉睫。

三、如何生活化英语课堂，激发学生学习兴趣

如何使英语课堂教学生活化？应该使英语教学内容、氛围、目的、活动方式及评价贴近学生的日常生活，这样在提升学生兴趣的同时，也可促进学生整体素质的发展。

（一）生活化导入，调动参与度

新课导入是一堂课成功的起点和关键。心理学研究表明，当学习的内容和学生熟悉的生活情境越贴近，学生自觉接纳知识的程度就越高。我在英语课堂教学实践中，尝试从生活实例引出将要学的英语课文，以此激发学生的兴趣和求知欲，活跃课堂气氛，均取得了很好的效果。

例如，在预备年级第一学期，我录制考评课 unit9 food pyramid 这一课时，这节课的内容是结合食物金字塔了解每日所需食物量，按照参考课件，学生直接学习新单词导入，并不能理解学习食物金字塔的意义。所以在导入部分我设置了一个学生生活中比较熟悉的虚拟人物，请学生为他提出健康建议，由此导入食物金字塔，从而使学生意识到食物金字塔是可以作为健康饮食的标准参照。导入贴近学生日常生活的话题，学生觉得有话可说，纷纷给出自己的建议。可见，在导入部分设置学生日常生活中的话题，会促使他们产生兴趣并参与到课堂中来。

（二）生活化情境，赋予课堂活力

情境创设的最终目的是增加语言的真实使用度，提高学生的课堂参与度，启动学生的思维感知度。《英语新课程标准》强调，英语教学"要为学生提供丰富的现实生活背景"。这要求我们在教学时，要从学生的现有经验和教学实际出发，结合学生的日常生活或利用网络资源等对

教材中枯燥的、学生不感兴趣的内容做适当的调整、改编,以调动学生良好的学习情绪,使学生有话可说,乐于开口。

例如 Unit 8 The food we eat 中的 listening and speaking: buying different food 板块。该模块的主题为"饮食",从讨论不同食物的话题,延伸到计划野餐的话题,让学生学会表达自己对于食物的喜好并关注良好的生活习惯,贴近学生的真实生活。该单元的主题为"我们所吃的食物"。学习本单元第一课时,学生通过文本阅读,回顾、识记不同种类的食物,并运用目标句型表达自己对于食物的喜好。第二课时通过菜名的讨论和菜单的描述,让学生了解更多关于食物的说法。本堂课为听说课,内容为讨论如何在不同的地方购买不同的食物及其价格。其实购物这个话题学生较为熟悉,但是在去超市和菜市场购物,并比较两地之间不同物品的价格和优劣方面,学生比较缺乏真实的经验。因此,教师在设计该堂听说课活动时,如果能基于学生熟悉的卡通人物,代入购物的各个场景,贯穿于学生的每一个语言学习环节,那么整堂听说课不仅可以显得生动有趣,而且还能让学生有丰富的情感体验。

（三）生活化课后练习，延伸活动时空

"学以致用"是教学的根本目的,学习的知识来自生活,最终还是要应用于生活。因此,英语的课后练习也要贴近生活,把枯燥、乏味的跟读和写作等作业形式设计成学生比较熟悉的、感兴趣的题材,让学生在现实生活中主动学习和探索,从中认识到英语的实用性,体验到英语的趣味性,进而激发学习的兴趣。

比如,对于预备年级的学生,在英语课程中一直强调对学生听说读写各方面能力的培养,尤其是听读方面,更是为学生的英语学习做好铺垫,这也意味着课后作业也要有与口语相关的练习,所以寒假期间为了能让学生进行有效的作业反馈,我为预备年级的学生布置了口语配音作业。相较于跟录音朗读,配音作业在手机 App 上完成,内容题材丰富,并且能及时给予评价,学生之间还可以分享在微信群里互相欣赏。一个寒假下来,全班每位学生都很积极提交作业,并且主动询问下次配音内容。通过一个假期的配音练习,同学们养成了模仿语音语调的好习惯,大大调动了学习英语的积极性。

除了配音,教师还可以利用课前准备时间,请同学用英语轮流分享自己喜欢的食物、音乐、电影、游戏,甚至可以谈谈最近的天气、新闻等,用英语谈论生活化的事件。同学们在愿意分享、互相倾听的同时学习了英语,也在学习英语的同时获取了生活中的知识,这就体现了生活化教学对于英语学科的优化。

总而言之,初中英语教学是离不开生活的,而教学中的重点就是将生活和教学相结合,这样才能有效地提高初中英语教学的效率,真正做到优化英语课堂。

关于初中定向越野课程情境创设的实践与思考

费仕杰

摘要：耐力性课程的枯燥乏味一直是初中体育课程的教学难点，本文就初中定向越野课程进行情境创设，通过语言、图片将定向越野的各个检查点与现实中地标建筑进行巧妙的结合，以此激发学生的参与热情，从而达到提高教学效果的目的。

关键词：定向越野；情境创设；实践；思考

一、研究背景与现状

（一）研究意义

近年来，我国课程改革的不断深入对初中学生的身体素质和体育课的课堂教学提出了越来越高的要求。定向越野课程则是一种具有复合影响力的体育课程，它虽指向身体发展和体质增强，但内在包含着德育、智育的价值和意蕴，与我国"五育并举"的教育改革方向不谋而合。如何更好更有效地开展定向越野课程对提高初中学生的耐力素质有着非常重要的影响。

（二）校园定向越野课程

巩洪国的《初中体育与健康课程中开展校园微定向教学的实验研究》一文认为："校园定向越野课程是指一项在校园范围内进行的，学生借助指北针和结合学校体育课程资源而设计的定向地图，用尽可能短的时间到达若干个被分别标记在地图上和校园内实地中检查点的运动。"根据对此段文字的解读，校园定向越野课程的基本要素应该包括校园范围内、定向地图、检查点和路线等内容。

（三）定向越野课程情境创设的价值

校园定向越野跑是根据学生耐力素质较差和野外实践经验较差的情况采取的新型的教学手段。大部分学生对于校园定向越野的规则知识没有一个基本的了解。这时候直接使用定向越野的规则方法照搬到学校教育中来是不妥当的，采用情境创设的方式，将熟知的故事情节或者熟悉的地标建筑与我们的定向越野课程巧妙结合，对学生快速适应定向越野课程以及进行一定程度的德育教育是非常有效的。

二、研究对象和方法

（一）研究对象

本次研究以上海市洋泾中学南校分校初一5、6、7班所有同学作为研究对象。其中以初一5班作为实验班开设情境创设的定向越野课程，初一6班、7班作为对照班进行无情境创设的定向越野课程。其中，实验班有男生21人、女生12人，对照班有男生43人、女生23人。用体质健康测试数据表示3个班级学生的身体素质水平和耐力跑成绩相差不大。与班主任沟通了解3个班级的情况，我们认为初一5班学生的心理年龄更成熟，对教师的话语指令能提出疑问和反驳，初一6班、7班同学的心理年龄更年幼，更愿意听从教师的安排。

（二）研究方法

本文采用比较法和访谈法进行研究。我们将采用情境创设方式进行定向越野课程的班级和不采用情境创设方式进行定向越野课程的班级教学效果加以比较，对各班最快完成比赛小组、各班第6组和最慢完成比赛小组以及班级整体完成情况进行比较分析，对各层次同学进行个别访谈，了解创设情境的方式对定向越野课程教学效果的影响。

三、结果与分析

（一）实验班与对照班课堂效果比对

初一5班最快一组同学用12分33秒完成所有检查点任务并回到起点，初一6班最快一组同学用12分58秒完成所有检查点任务并回到起点，初一7班最快一组同学用12分28秒时间完成所有检查点任务并回到起点。从最快完成时间上看，初一7班同学最快完成，但三个班级的最快小组时间相差不大，属于同一水平。

初一5班第6组同学用15分21秒完成所有检查点任务并回到起点，初一6班第6组同学用16分43秒完成所有检查点任务并回到起点，初一7班第6组同学用16分21秒时间完成所有检查点任务并回到起点。从中位数小组来看初一5班完成时间较其他两个班级要快不少。

三个班级最慢完成时间都是下课铃声响起后依旧没有完成，其中初一5班只有1组同学没有完成并且完成了5个检查点任务，初一6班有3组同学没有完成，且最慢小组同学完成了5个检查点任务，初一7班有3个组同学没有完成且最慢小组同学完成了4个检查点任务。那么我们以相差一个检查点4分钟来推算可得出大致的各班结束时间。

从整体来看，实验班初一5班本次定向越野课的学生上课积极性以及整体完成度都要略高于另外两个班级，见图2-2。

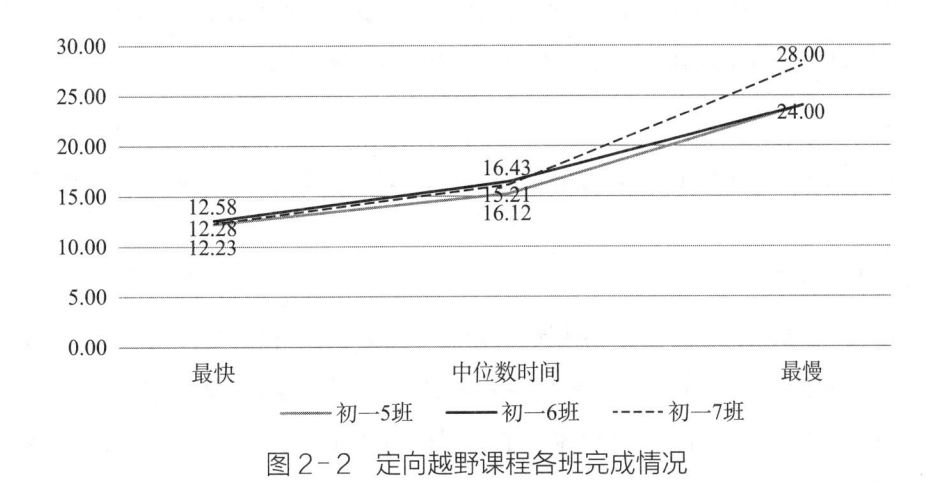

图 2-2 定向越野课程各班完成情况

（二）访谈结果分析

1. 对最快组别同学的访谈

通过对三个班级最快小组的个别同学进行课程效果的深入访谈了解发现，三个最快小组的同学都具备类似的特点：都是班级内身体素质较好的同学；都具有强烈的求胜欲；都是较为听从教师的指令，并严格执行的同学。综上所述，对于这一类同学是否采用情境创设方式上课差别不大，因为无论什么情况下他们都会认真执行教师的要求，并以最认真的态度投入其中。

2. 对中位数组别同学的访谈

通过对三个班级中位数小组以及前后各一个名次内的小组的个别同学进行课程效果的深入访谈了解发现，其中实验班同学对课程的积极性最高，并期待下次定向越野课程的进行。他们表示，在课程过程当中也是全力以赴参与其中，对规则和方法表示了解。另外两个对照班级的同学对本次课程的评价很高，但没有主动表示期待下一次的情况出现。当被问及课程中的表现时，他们表示在课程进行过程中前几个检查点冲得太快，后程略微放慢了速度。综上所述，对于这一类的学生情境创设的效果有一定的体现，实验班除一组同学外全部完成所有检查点的任务，从课程的完成度上来说是三个班级完成得最好的。对照班的同学除了完成度上不及实验班外，有部分同学表示对于规则路线不是特别清楚。事后我反思了一下，应该是讲解规则时没有第一时间提起学生的兴趣，致使学生一知半解地参与其中，同时说明情境创设可以第一时间通过一个较为新奇的方式激发学生的兴趣，提高学生上课的注意力。

3. 对最慢组别同学的访谈

通过对三个班级最慢小组的个别同学进行课程效果的深入访谈了解，几个没能完成比赛的小组成员存在这样几个问题：1. 对于定向越野的规则和路线不甚清楚；2. 对于课程的态度无所谓；3. 注意力不集中，玩心较重容易被其他事物吸引注意力；4. 体力较差，后半程有心无力。学生情况各种各样这是无可厚非的，如果对班级较为熟悉，可以提前在分组的时候采用以帮助小组的形式进行分组。我们发现实验班出现没完成比赛的小组是最少的,也从侧面说明一个良好巧妙的情境创设也有助于提高上课效果和学生的听课效率。

(三) 结果分析

通过对三个班级不同层次同学的个别深入访谈结合课堂表现,我们从三个方面来进行分析。

1. 行为态度方面

从班级的课堂表现中可以看出,采用情境创设方法的实验班在整体的课堂参与度和积极性上是优于另外两个对照班的。通过跟个别同学的访谈得知,采用情境创设的方式使同学对于检查点有更大的好奇心,且采用本地地标的方式让同学有一种熟悉感,更有参与的热情。

2. 目标态度方面

由于情境创设形式下定向越野课程趣味性更强,能够满足初中学生对于新鲜事物的强烈兴趣感,此外同学们在练习时的目的更加明确,即在较短时间内完成所有检查点任务,从而使学生积极主动地、目的明确地参加体育锻炼。

3. 行为认知方面

情境创设形式下定向越野课程是一种具有复合影响力的体育课程,对于改善学生行为认知有着积极的影响,能够让学生认识到体育学习的重要性。它虽指向身体发展和体质增强,但内在包含地理、人文和数理优化等知识。不仅锻炼学生的体能,而且考验学生的识图和判断地标建筑特性与校园的结合,以及判别方向和选择行进路线等认知能力,可以让学生的综合素质得到充分的发展。

四、结论与建议

(一) 结论

1. 情境创设下的校园定向越野课程,其主要教学手段的方法,能锻炼学生的注意力,培养其坚强的意志品质,促进同学间的合作与交流,增强学生的身体素质和社会适应能力。

2. 情境创设下的校园定向越野课程,其教学形式,集知识性、方向性和逻辑性于一体,对同学的多方位全面发展有着积极的作用。

3. 情境创设下的校园定向越野课程,一反耐力项目的枯燥乏味,而是让同学们更乐于学,耐力素质在不经意间得到提高。

4. 情境创设下的校园定向越野课程,在德育上有着极强的可塑性,通过适当的引导和情境创设,可以让学生在课堂教学中明悟正确的人生价值观。

(二) 建议

1. 巧妙切合的情境创设对课程效果有着显著的提高作用,教师可深入挖掘身边的地标建筑或近期发生的社会热点问题融入课堂,可有效提高学生学习的积极性。

2. 分组时尽可能考虑到平衡问题,避免出现强者抱团、弱者缺乏游戏体验的现象。

3. 对于定向越野课程的评价更多元化一些,采用过程性评价和终结性评价相结合的方式。让每位同学都可以从本次课程中有所收获。

参考文献

[1] 巩洪国.初中体育与健康课程中开展校园微定向教学的实验研究[D].长春:东北师范大学.2019.

[2] 李宏福,沈伟如.中小学校园定向运动教学设计的创新性研究[J].青少年体育,2016(12).

[3] 张惠红,方信荣,尹红松,沈辉,李晓智."定向运动"课内外一体化教学模式的研究与构建[J].南京体育学院学报(社会科学版),2009(04).

[4] 刘慧.论情境式教学模式在体育教学中的应用[J].考试周刊,2014(95).

课堂教学的效率性：核心问题的设计

康酉佳

作为一个日渐成熟的语文教师，如何在课堂教学中形成自己鲜明的个性乃至独特的风格是我需要去探索的。当然，这要建立在对于教材、教学资源的完整理解和透彻把握上、对于课堂教学流程的熟练操作和具体教学技能的巧妙掌握上、对学生能力的准确评估和学习目标的正确定位上等等。除此之外，我还需要充实自己的知识修养，磨炼自己的语文能力专长。正如于漪老师清新雅致的课堂教学语言值得学习，但是依葫芦画瓢抑或是对于教学参考照本宣科，真的可以达到我想要的效果吗？我想，在提高我的课堂教学效率上，确立核心问题尤为重要。

相对于课堂教学中那些零碎的、肤浅的、学生活动时间短暂的应答式提问而言，核心问题的确立对课文阅读教学过程可以起到引导作用和支撑作用，能从整体参与性上引发学生思考、讨论、理解、品析、创造的重要的提问或问题。它在阅读教学中能达到"一问能抵许多问"的艺术效果，实现语文课堂的高效。

在语文阅读教学中设计核心问题，对带动整篇课文阅读的教学，对新课程语文教学的改革，有着重要的价值。也就是说，核心问题主宰着整个教学进程，留给学生足够的思维空间，往往能以问题引发思考，将学生思维引向更广阔的天地。因此，核心问题设计是否有效决定着课堂的成败。为了让核心问题最大限度地发挥成效，我们在设计核心问题时必须具备一定的条件。

一、核心问题带动整体阅读

所谓"整体阅读"，不是指让学生读课文并大致知道课文写了什么内容，而是让学生围绕着一个或者几个"话题"对课文进行深入的分析理解，即引导学生从课文整体的角度去理解课文的情节、课文的脉络、课文中的人物、课文中的事件、课文的表现手法等等。这就要求给学生一个切入点，让学生在这个切入点的引导下得到真正深刻的阅读体会。在这方面，"核心问题"可以说是有着绝对的优势。《小巷深处》这篇文章是以"我"对母亲的态度的变化作为行文主线，基于此，在教学设计中，我们可以先让学生梳理文章结构，概括出母亲为"我"做了哪些事情，从而总结在每件事发生后，"我"在每个阶段对母亲是何种态度。

在结构上迁移,举一反三。对应着不同的事情和时期,"我"的态度也随之改变,在此基础上,母亲对此又有什么反应,这是需要学生去思考的。课文中有多处迹象表明,此时母亲早已察觉"我"的感情变化,而在课堂上,我需要学生去找出这些词句,并且在此过程中梳理它的写作方法,迁移到其他类似的简答题思路中,学会间接描写和动作描写等写作手法,以便在不同的课文以及作文中也能合理运用。

文章注重叙事抒情,花费了大量笔墨在人物描写上,无论是母亲的动作、肖像,还是"我"的语言或是心理上,都能体现"我"对母亲的情感变化。这些看似细节之处却也是个难点,学生如何区分这些描写所蕴含的深层意义,是需要我在课堂上设计问题去引导的。

二、核心问题设计要短而精

"短"顾名思义,就是在课堂上减少碎片化的提问,在之前有幸听曹刚老师品评了一节联合体公开课《羚羊木雕》。曹刚老师说,他在这堂课上数过,任教老师一共提出了28个问题,太多的问题,太碎片化,这样的提问让学生无所适从,一不得当就偏离了课堂教学的"语文味"。而"精"指的就是让学生在课堂上有长时间的阅读、思考、研讨和交流的机会。也就是说,核心问题有利于大量语文实践活动的开展,而不是像我们平时的教学一样,教学内容的推进主要依靠师生之间的问与答来进行。如在《小巷深处》的学习中,课文是以"我"对母亲的情感变化为线索,在设计问题时,可以有两种不同的设计:(1)"我"对母亲的情感发生变化了吗?请找出语段;(2)"我"对母亲的感情有哪些变化?很显然,第二种提问指向性更明确,也更简洁有力。

这个问题在教学中主导着、牵动着教学进程,可以充分拓展学生的思维,而且这一问题的形成,明显地长时间地延伸了学生的活动板块。这样的教学可以基本上消除课堂上那种琐碎的"连锁式问答"。

三、核心问题设计必须有探究性

核心问题应有利于学生运用自主、合作、探究的学习方法,有利于让学生的眼光进入课文的每一个角落,从而达到让学生精细思考、深刻探究的目的,而这种精细思考与深刻探究,又始终是围绕着某条主线进行的。

如《小巷深处》中,学生可以确定下来"我"对母亲是发生了情感变化,那紧随其后需要学生去讨论、圈画文中语段,找到产生这些变化的原因,在其中大量运用了人物的心理描写、动作描写,包括细节描写、环境描写、侧面描写。这些内容集中表现了"我"对母亲的不理解到理解,也表现了母亲对"我"无私的母爱,表现了母亲伟大和细腻、牺牲和成全,体会到心理描写等对表现人物品质的作用,要学习侧面烘托人物的形象的方法。于是,我们可以将教学分为三大板块,每一个板块设计一个核心问题。第一板块的核心问题是:"紧扣题目,抓住细节,体会人物形象。"比如文中"我"的形象是怎样的。第二板块的核心问题是:"文章中哪些细节提示'我'对母亲的情感发生了变化?其中的原因有哪些?"从这些细节提示中,学生能找到侧面烘托出的母亲的形象,让母亲的形象反而更加立体、鲜明。第三板块的核心问题是:文中的"竹棒"和"小巷"的描写起了什么作用?这是文章多次出现的两个意象,贯穿全文,其中暗含了母女之间情感的羁绊。这其实就是情感的形象抒发。

这三个核心问题,第一个能解决对课文内部层次的理解,第二个能解决对故事情节的理解,第三个能解决对课文的语言欣赏。就实施情况来看,对于第三问,学生的讨论就异常的精彩。

问题的提出便于学生运用自主、合作、探究的学习方法,让学生的眼光易于进入课文的每一个角落,学生思考精细了,探究也更趋深刻了,研讨的气氛就浓厚了,这就是核心问题的牵引在发挥作用。

综上所述,精心设置合理有效的核心问题,不仅能激发学生语文学习的积极性,帮助学生理解课文内容,也能提升教师教学能力,提高课堂教学的效率。

当然,"核心问题"并不能完全替代课堂上所有的提问。它是教学设计的主干,其他的"枝叶"还需教师发挥聪明才智在课堂上生成,这样才能使我们的教学有一天真正实现苏霍姆林斯基所说的,"教学的特殊目的就是发展智力,培养聪明人",使学生的创新思维得到有效发展。

四、小结

在语文课堂教学中,我们首要考虑的是学生的学习状况,怎样让学生兴致勃勃地参加学习活动,而不是我要讲什么,我要教给他们什么。具体来说:一是要充分调动学生的学习兴趣,消除学生的紧张恐惧心理,让学生以积极的心态参与课堂活动。在学习进程中,要不断激发学生主动探究、发问的兴趣和热情。有时教师要有意营造一种宽松和谐的气氛。二是提供学生合作学习的机会和活动空间,设计好讨论方案,让每一个学生有效地参与讨论。三是要让学生自己认识一堂课的学习目标,自我定位,自我检查,教师指导督促实施。目标过多了,会"贪多嚼不烂"。

在教学过程中,以我自己上的《小巷深处》为例,实践中还是会出现细碎问题的补充,比较怕放开手让学生自己去思、自己去学。但是,核心问题还要更多地体现在指导学生自主探究和学会学习的实践活动中,使学生的学习在解决问题的活动中伴随着自己的体验展开,使学生已有的知识经验与未知知识在活动中发生相互作用且相互融合,使学生有更为自主的学习活动。所以,在对课文有完整的理解和深入的思考方面,不仅是学生,更是设计课堂教学的老师需要去做的。好的核心问题的设计,可以让课堂的效率性大大地提高。

课堂教学中情境设置的策略与落实问题探讨

金心瑜

摘要：情境教学是提高课堂教学质量的关键。本文以初中语文教学为例，探讨课堂教学中情境设置的策略和落实问题，提出要精细打磨才能创造高效情境。就语文学科而言，要打造有"意"有"趣"的情境、生活化的情境并寻求情境设置的最合理时机。在落实情境设置的策略时，教师要提前做学情调查和反馈情况预判，做好反思和再探究，如此方能达成"和易以思"的教学效果。

关键词：情境；策略；初中语文

《学记》中有言："君子之教喻也。""喻"就是要诱导启发，在基础教育课程特别是文科类课程中，教师往往通过情境教学的方法启发学生，让学生在情境中去体会、去感悟、去发现，让学生从感性认识上升到理性认识。若是能达到"道而弗牵，强而弗抑，开而弗达"的效果便是情境教学的理想效果。

但在实际的课堂教学中，情境的设置往往要么不幸沦为形式化，要么枯燥单调令学生昏昏欲睡。有鉴于此，教师应瞩目两个问题，即如何有效设置情境，又如何尽可能地落实好构想中的情境教学。以下以初中语文课堂教学为例加以探讨。

一、精细打磨创高效情境

（一）打造有"意"有"趣"的情境

情境教学能给予学生直观的感受，高效的情境设置应既激发学生兴趣又贴合学科实际。在语文学科中，散文与诗歌等特有的文学形式要强调意境，这就要求语文教学中的情境设置既要有"趣"又要有"意"。

以散文教学为例，老舍在《济南的冬天》一文中描写济南的冬天时，常常细致而又带有脉脉温情，是外景与内情的高度融合。如果直接对学生填鸭式灌注这种写作特点就流于表面，学生反而无法真正了解。须知道初中学生的思维尚未完全成熟，但情感已然丰富。在教授本课时，教师可以让学生描述、模拟自己家乡或者自己常居住的地方的冬天，激起其学习兴趣。学生在探讨自己回忆时的心境与老舍写作时心境的异同后再次伴着音乐朗读本文时,入情入境,就能从字里行间体会出老舍的感情和散文的意蕴。此种推己及人的方法能唤起他们本身的情感,在他们的内心泛起涟漪。

(二) 打造生活化情境

生活化情境依托于生活化事件。教学上应用的生活化事件又与一般琐碎的生活事件有区别,大致需要典型且与教材内容相结合的生活事件,而这些生活事件与学生日常生活又能紧密结合,方能让学生通过联想的方式将实际与理论结合起来。

七年级语文第二学期第二单元的主题为家国天下,在如今的日常生活中,学生很难体会到国家风雨飘摇时人们的想法,但一些以天下为己任的人是我们日常生活中能看到的。如去年中印边界的冲突导致四名战士的牺牲,就是一个生活中的素材,教师可以将其引入课堂教学,引导学生体会第二单元文章中所描绘的景象和所描述的最可爱的人;也可以借助多媒体资源,播放叙利亚儿童在废墟中录的歌曲《心跳》,用他国儿童烽火连天的日常来与学生安静祥和的日常做对比,帮助学生体会如今来之不易的和平是千千万万近现代中国的英雄所铺垫的。

(三) 寻求情境设置的最佳时机

情境须根据教材内容放在不同环节中,方能发挥其最大功效。

在传统语文课堂教学中,情境的设置时常被用在导入的环节,目的是介绍背景和激发学生的学习兴趣。此类情境如在教授古诗、文言文时极为有效。因为许多学生会因为无法理解文章背景而失去学习兴趣。如教授《观沧海》时,教师可以引入曹操的小故事来帮助学生进行诗歌的学习。这样在教学环节的前期设置情境就比在中后期教学环节设置有效得多。

同样是引入人物故事,亦可放在教学环节的中段,并与绘画结合起来。在教授《从百草园到三味书屋》时,教师可以鼓励学生画出从百草园到三味书屋的图,然后引入关于鲁迅小时候迟到的故事,让学生更加能体会到人物的性格。同时文章中段有大量文字描写抓鸟的过程,可以引导学生将文字视觉化,画出抓鸟过程,帮助学生轻而易举地把握文章内容,再引入鲁迅与儿时玩伴的故事,丰富学生的情感体验。

二、 稳扎稳打获步步落实

在实际教学中,策略好未必能落实得好。"纸上得来终觉浅,绝知此事要躬行。"实践才是检验真理的唯一标准。在策略的实施中,经常会出现许多问题,如情境设置后缺乏互动反应,又如课堂上没有足够时间进行情境设置等,这就需要在落实的时候稳扎稳打。

(一) 充足的事前准备

高效情境的设置离不开备课时对教材和学情的充分把握。对于不同的学生来说,同一情境也会产生不同的效果。如将课本剧作为一个很有意思的情境展开,在一些较不活跃的班级就难以开展。但如果一个班级有几个较为热情参与的学生，课本剧的推行就容易得多了。在教授《皇帝的新装》时，笔者所教授班级的同学就很主动地来询问是否可以开展课本剧。在他们的自行策划下，一场精彩的课本剧就此产生。

事前准备除了教师本身对班级同学性格的了解，还需要教师对班级不同学习水平学生的学习效果和感受有足够的把握。教师可以私下多询问多沟通。

为某个知识点设置情境时，教师可以多探究，吃透教材，找寻与教材其他知识点之间的联系，甚至可以跨学科联合。如《语文》七年级下的第二单元的文章背景涉及近现代历史，这就可以与七年级学生正在学的《历史》第三册串联起来，达到知识的融会贯通。

在设置情境后，教师需要预设反馈，做好备用方案，课本剧若无条件实施，则可以使用让学生复述故事的方法。

（二）及时的课堂反应

在情境的具体落实中，一堂课也会有些意外发生，这就需要教师及时做出反应。以诗歌教学为例。《黄河颂》本是组诗《黄河大合唱》的第二章，是可以唱出来的，在教学中就设置视听结合的情境。但在具体实施中，也会有部分同学听了歌后过于亢奋，在朗诵时唱出来，破坏课堂气氛。这就需要教师及时转变情境设置。

（三）反思和再探究

教学反思是教师进步的关键。在情境设置上，反思能促进教师调整情境策略，让情境的设置更合理。教师可以叩问：自己是否结合情境巧妙设置了与学习主题相关的问题，创设的情境是否有吸引力，学生在这些情境中得到了什么？

反思过后的再探究也是极为重要的，不断挖掘情境设置的可能性，使课堂更加高效，体现语文学科的魅力，都是再探究的议题。

三、"和易以思"的教学效果

"和易以思，可谓善喻矣。"情境设置的最好教学效果莫过于"和易以思"。这种教学效果的实现是本学科核心素养的体现，又是美育的体现。

（一）学科核心素养的体现

初中语文学科具有很强的工具性和人文性，良好的教学效果能体现其学科价值。

如七年级第一学期第二单元的主题为亲情之爱。备课时，教师立足于单元特性结合学生切实的生活体验，明确单元的教学目标是通过阅读训练使学生感受亲情，唤起和丰富其情感体验。在单元教学里注重分析语言，教师让学生在字里行间体会作者深意，达到提升学生阅读能力的效果，再辅以诵读把握感情基调，提升学生的感知能力，以实现语文的工具性。同时教师鼓励学生写下自己与亲人间的趣事，进一步让学生感受到亲情的真挚动人，从课本出发延伸到课本之外,陶冶其自身情感,帮助学生树立正确的人生观和价值观,是将德育渗透进平常教学中,以实现语文的人文性。

（二）美育的体现

1912年年初,蔡元培先生在《对于教育方针之我见》中提出,教师要通过"美感"——语言、画面、音乐等手段——创设情境,从而陶冶学生心灵、发展学生思维。于语文教学而言,情境的设置若是能做到有"趣"有"意",那就能让学生体会到语文的美感。如在教授古代诗歌时,教师可以通过语言描述画面,通过音乐伴奏朗读,培养学生认识和爱好美的能力。课后,教师可鼓励学生尝试作诗,培养他们创造美的能力。

四、总结

情境设置是课堂教学不可或缺的一环,如何让情境设置合理化、巧妙化、生活化,是需要不断探究的课题。"和易以思"的教学效果离不开教师不断地精细打磨情境设置的策略,再一步步尽可能落实。

参考文献

[1] 张建英.初中古诗词的情境教学策略例谈[J].学周刊,2020(11):113—114.

[2] 肖美玲.生活化教学在初中语文教学中的应用[J].中国校外教育,2019(35):66,68.

[3] 周家玉.初中语文生活化教学策略研究[J].语文教学通讯·D刊(学术刊),2019(01):37—39.

[4] 刘闯.初中语文课堂情境教学研究[D].沈阳:沈阳师范大学,2018.

[5] 牛宁宁.捕捉生活元素,找寻别样趣味——初中语文生活化教育理念研究[J].学周刊,2018(02):116—117.

课文情景朗读视频在初中语文教学中的应用优势

朱佳婷

摘要:结合相关理论和具体事例从"创设情境,激发兴趣""走近课文,促进理解""走出课文,阅读经典""意义识记,联想背诵"四个方面来阐述课文情景朗读视频在初中语文教学中的应用优势,并提出课文情景朗读视频在初中语文教学中可能会出现的问题及对策。

关键词:情景朗读视频;初中语文;优势;情境;内容理解

《义务教育语文课程标准》明确指出,"学生是语文学习的主体","语文教学应激发学生的学习兴趣"[①]。笔者作为一线教师,感受到语文课堂的趣味性是学生能否更好地吸收课堂内容的最关键点之一。经过一段时间的探索与实践,笔者发现在语文教学中恰当、适量应用课文情景朗读视频具有很多优势,包括提升语文课堂的趣味性等。本文所说的课文情景朗读视频,是指兼具课文情景和朗读的视频,即带配乐的朗诵动画。课文情景朗读视频在多种文体教学中都能取得较好的教学效果,包括散文、议论文、文言文、古诗、现代诗等。本文将结合相关理论和具体事例从"创设情境,激发兴趣""走近课文,促进理解""走出课文,阅读经典""意义识记,联想背诵"四个方面来阐述课文情景朗读视频在初中语文教学中的应用优势,并提出课文情景朗读视频在教学中可能会出现的问题及对策。

一、创设情境,激发兴趣

《语文》课本所选课文都是经典的作品,受年龄、阅历、经验、知识面、社会背景等限制,学生难免与有些课文产生隔阂,进而失去学习语文的兴趣。语文教学的起点是学情,王荣生教授在《阅读教学教什么》一书中提出"依学情,定起点",我们拿到一篇课文,发现作者是鲁迅,生活年代离我们较远,或者是《狼》,蒲松龄生活年代离我们更远,那么我们教学的起点应该是拉近我们和作者及其作品的距离,首先要试着消除学生与经典的隔膜,让他们对经典的态度从畏惧到感兴趣,而课文情景朗读视频是一个非常不错的选择。

文字是抽象的,而课文情景朗读视频是视觉与听觉的结合,是具体的,学生能够更直观地

---

① 教育部:《义务教育语文课程标准》(2011年版)第19页。

感受到一些画面，对于与学生有一定距离感的作品，课文情景朗读视频能够快速有效地拉近学生与作品的距离，从而引起学生学习的兴趣。因而教师在导入环节和内容理解环节，恰当、适量地应用课文情景朗读视频都会取得不错的效果。

以《从百草园到三味书屋》这篇回忆性散文为例，笔者在2019年第一次上这篇课文时，采用传统的导入，通过介绍鲁迅这个人以及讲述他的故事来导入，试图拉近学生与鲁迅及《从百草园到三味书屋》的距离，笔者认为这样在一定程度上激发了学生的兴趣，但是并没有帮助学生深度理解课文。《余映潮语文教学技法80讲》一书中提到，"开课揭题，直入情境"。余映潮提出，在导入阶段不应该"缓入"，而应该"一方面给学生争取到更多的品读课文积累语言的时间，一方面给教师提供了诗意设计艺术思考的机会"，也就是说导入环节要"直入"，余映潮把播放录像归入"缓入"型导入，笔者认为如果运用恰当，我们选择的这段视频刚好能帮助学生"直入"课文，那播放这段录像也不失为"直入"导入，形式不重要，重要的是效果。

于是，在2020年第二次上《从百草园到三味书屋》这篇课文时，笔者选择了以一段课文情景朗读视频导入。这段课文情景朗读视频是一段课文情景朗读视频，是由瞿弦和老师朗读课文，并配以情景动画和音乐。瞿弦和老师的声音非常具有感染力，动画将百草园里玩耍的小鲁迅，以及蟋蟀、油蛉、黄蜂、叫天子、皂荚树等等全部呈现出来，讲"美女蛇"的故事更是引人入胜、环环相扣，没有一个学生不感兴趣，注意力最不容易集中的学生都被深深吸引。这样的导入不仅激发了学生的兴趣，而且直入情境，使学生快速读懂课文，初步理解课文的基本内容，用直观的课文情景朗读视频让学生发现原来鲁迅小时候也和他们一样天真烂漫，还消除了学生与经典的隔膜，与没有播放课文情景朗读视频那节课相比，学生兴趣度提高了不少。

二、走近课文，促进理解

如果把课文情景朗读视频放在课文理解环节，它依然可以发挥不小的作用，它对学生理解课文有着很大的促进作用。对于一些离我们年代相隔较远的作品（比如文言文、古诗），或者语言概括性较高比较抽象的作品（比如现代诗），我们可能在内容理解方面通过反复诵读依然有一些困难，那么这时候与其花费大量的时间去讲解或引导，不如通过课文情景朗读视频来将课文以直观而有趣的形式呈现。

以蒲松龄《狼》这篇文言短篇小说为例，笔者在内容理解环节运用了课文情景朗读视频。《狼》这篇课文情节不算难理解，但是从学情出发，七年级的学生还处在接触文言文的初期阶段，对于这个故事的情节，即便翻译完了全文，也并不是每一个学生都能准确理解的，尤其是两只狼和屠户的位置以及他们之间的博弈（"屠暴起，以刀劈狼首，又数刀毙之。方欲行，转视积薪后，一狼洞其中，意将隧入以攻其后也。身已半入，止露尻尾。屠自后断其股，亦毙之。"）。笔者将这些情景直接通过视频播放出来，视频中的朗读者声音情感充沛，配乐增加了紧张感，画面简洁生动而流畅。观看课文情景朗读视频后，每一个学生都对这场狼和人的博弈了解得清清楚楚:一只狼假寐诱敌,另一只狼假装离开实则躲在屠户身后的柴草堆后,想要从柴草堆中打洞来攻击屠户。学生在那堂课的这个环节表现也很活跃,课文情景朗读视频不仅促进学生走进作品,理解课文内容,而且使课堂更加活泼。

三、走出课文,阅读经典

课文情景朗读视频能带来连锁反应,课文情景朗读视频能够激发学生学习的兴趣,拉近学生与作者及其作品的距离,进而能够激发他们阅读经典的兴趣,进行课外的延伸阅读,包括整本书阅读,《义务教育语文课程标准》指出,(7—9年级学生)"课外阅读总量不少于260万字,每学年阅读两三部名著","提倡少做题,多读书,好读书,读好书,读整本的书"。①

学生在课堂上通过课文情景朗读视频拉近了与鲁迅的距离。鲁迅生活的年代离我们有点远,他写的百草园,大部分学生也许根本感受不到有多么有趣,因为在学生心中,打游戏或者游乐场可能才是有趣的。但是,通过观看课文情景朗读视频,我们看到了蓝蓝的天空、色彩斑斓的园子、刺眼的阳光,看到了小鲁迅咧开的嘴角,听到了他的笑声,我们跟着小鲁迅一起听着诡异而惊险的百草园里"美女蛇"的故事,这种"沉浸式体验"让他们能够切身体会到小鲁迅在百草园中的快乐,真正走进课文。更重要的是,学生与作者的距离拉近了,他们更有可能会愿意去读鲁迅的回忆性散文集《朝花夕拾》。

学生在课堂上通过课文情景朗读视频拉近了与蒲松龄以及《聊斋志异》的距离,学生会觉得文言文也没那么难懂,文言文所讲述的故事也非常有趣,有兴趣、有能力的学生或许会进行课后的延伸阅读,去阅读《聊斋志异》或者更多的《聊斋志异》故事。

四、意义识记,联想背诵

课文情景朗读视频还可以帮助学生进行意义识记、联想背诵。"所谓意义识记是指利用学习材料的项目之间的逻辑关系来记忆;而机械识记则是指不利用学习材料的项目间的逻辑关系来记忆。"②显而易见,学生如果通过意义识记来背诵,能够充分理解语段,并且通过联想画面来背诵,那么效果肯定好于死记硬背的机械识记。课文情景朗读视频可以很好地帮助学生理解课文内容,并使学生产生画面和声音的联想,从而进行意义识记。

学生可以通过跟读课文情景朗读视频、配音情景朗读视频等教学活动,来加深对课文内容的理解和对课文情景的印象,更好地进行意义识记。

教师在教学《春》这样的写景散文以及一些古诗文时,就可以通过观看课文情景朗读视频、跟读课文情景朗读视频、配音课文情景朗读视频等教学活动,让学生更快更好地通过意义识记来联想背诵。

---

① 教育部:《义务教育语文课程标准》(2011年版)第16页、第23页。
② 廖策权:《意义识记优越性之源》,《川北教育学院学报》,2002年第4期。

五、结语

将课文情景朗读视频应用于初中语文教学具有很多优势,但有时也会有一些问题,本文将提出一些解决策略。

第一,所选课文情景朗读视频可能不受学生欢迎。我们去选声音不具有感染力、画面不清晰的视频,可能吸引不了十三四岁的初中生,我们在选择课文情景朗读视频时一定要贴近儿童心理,十三四岁的孩子会更喜欢富有感染力、生动、清晰的视频。

第二,我们所拥有的课文情景朗读视频资源非常有限,我们现在可以找到的是质量参差不齐的网络资源,希望国家课程、地方课程和校本课程可以推进课文情景朗读视频制作的发展,制作出更多有感染力的课文情景朗读视频。

第三,有人可能会担心在初中语文课上应用课文情景朗读视频会限制学生对语言文字的感知能力,对此我们要杜绝一味地通过视频来帮助学生理解课文,课文情景朗读视频要用在难以提起学生兴趣的地方和难以让学生理解的地方,一般的地方则不需要使用此种手段来帮助理解。

参考文献

[1] 冯姣姣,马月,杨方琦.基于Flash动画的小学语文古诗词情境创设教学优势分析[J].教育现代化,2018,5(45):367—368,371.

[2] 彭美艳.诵读动画在语文教学中的应用[J].中国教育技术装备,2012(19):135—136.

[3] 孙玉成.影音动画在语文教学中的应用——基于中学阶段语文教学的"喜""忧""思"[J].语文建设,2012(06):64—65.

[4] 廖策权.意义识记优越性之源[J].川北教育学院学报,2002(04):61—63.

[5] 沈利凤.多媒体CAI——语文阅读教学的突破口——《精彩的马戏》教学例谈[J].人民教育,1999(06):58—59.

利用空中课堂资源开展初中化学教学的实践

王婧喆

摘要: 在新冠肺炎疫情的影响下,上海市开设"空中课堂"线上课程。空中课堂中的素材、资源都是最新的,按照严格要求运用以及录制的。整合空中课堂的素材,学习并且合理运用到线下课程中,有着重要的实践意义。本文谈论教师学习空中课堂,合理运用空中课堂资源的优点,通过"课前""课中""课后"三个环节讲述运用空中课堂资源开展化学教学的过程,以便为更有效地开展线下课程提供参考与借鉴。

关键词: 空中课堂资源;初中化学教学;实践

一、问题的提出

2020年年初,由于新冠肺炎疫情的影响,在线教学大量推出,覆盖全国各学段各个学科。教育部多次召开专题会议以及发布通知,要求全国的学校对于春季学期开学进行延迟,来保证这场"战疫"全胜。为此,教育部办公厅、工业和信息化部办公厅联合出台了延期开学期间"停课不停学"的通知,提出了应对措施,帮助学生居家学习。上海市教委推出"空中课堂",自3月2日起,按照"同一学段、同一课表、同一授课老师"的原则,以"电视为主、网络为辅"的形式,开展在线教育。

如今,"空中课堂"的教学资源依旧可以供中小学教师以及学生观看、学习。空中课堂中的课将传统教学与信息技术、网络技术相结合,这种模式突破了传统教学的时空限制,又可以使得学生自主学习。虽然线上课程也有很多缺点,比如无法掌握学生上课的课堂效果以及课堂参与度,但是空中课堂中的教学资源对于我们在线下教学有着益处。本文旨在讲述利用线上教学资源进行线下教学的实践,为各位老师提供借鉴。

二、学习空中课堂实施初中化学教学的优点

(一)学习空中课堂,规范表达教学语言

1. 教学语言要准确,体现科学性。化学有自己的特征、定义、定律、化学用语等内容。在

日常线下教学过程中,为了使学生更容易理解,教师会用比较生活化的语句描述,其实这是不正确的。空中课堂中的老师,对于整堂课的设计,以及语言的描述的严谨,都是我们教师要学习的。平时上课的时候,为了方便核对化学方程式以及化学式,如 $CaCl_2$ 氯化钙的化学式,很多学生会说 C、a、C、l、2,用英文和数学的形式讲出来,有些实在教不会的后来也不再强调,会写就好。但其实这样的语言表述是不合科学性的。比如"二氧化碳一般不支持燃烧",我们平时会说成"二氧化碳不支持燃烧",去除"一般"两个字,就造成了科学性上的不严密。

2. 教学语言要明确,体现针对性。在《粗盐提纯》新课中,食盐加水溶解,有很多学生在这里对于"溶解""融化""熔化"等词会用错。听了空中课堂中老师的严谨表述之后,我们才注意到教学语言要明确有多重要。以《酸碱中和反应》中的探究酸碱中和反应实验为例,教师在完成一个实验之后,会直接问"同学们看到什么现象?",有针对性的提问应该是"氢氧化钠是什么颜色?滴加酚酞之后你看到溶液变成了什么颜色"。初三是学生学习化学的第一年,无法达到高中学生的程度,因此每学习一节新课,不论是在表述上还是在提问上都要更加准确。

(二) 学习空中课堂,规范选用教学素材

素材的选取在教学中非常重要,好的素材可以激发学生兴趣,可以调动学生的积极性和主动性,为学生养成一个自主学习的习惯提供一个良好的条件与环境。空中课堂中的教学素材有以下特点:①与时代联系。也就是所说的新,在日常教学中,有的演示实验播放的是视频,而视频往往都是 20 世纪 90 年代的资源。但是空中课堂中的教学视频,是录课老师亲手做的实验,从录制方式上、操作演示的规范上看,都是不容置疑的。因此,实验视频是我们线下利用的一个很好资源,也可以让学生提前观看,是预习实验等的绝佳工具。②与生活联系。空中课堂中与生活相联系的事例、图片都是真实的,不再是我们口头的举例,而是会用图片呈现。比如讲授《生活中的酸和碱》时,我在举例的同时会呈现番茄、柠檬、酸菜鱼等日常生活中见到的"酸",以图片形式呈现,更加能够刺激学生的视野,使其印象深刻。在日常线下课程中,我们只是口头的举例,达不到这样的效果。

三、利用空中课堂实施初中化学教学的策略

(一) 课前:研学"空中课堂",基于学情差异,调整教学设计

"空中课堂"的每一节课都是集结了一个学科精英教师团队的智慧。研学"空中课堂",对于新教师来说不仅可以对教学内容更加熟悉,还可以对教学目标的把握更加精准。但是值得关注的是,各个学校的学生个体差异,线下教学中教师应对自己的学生进行学情分析,将空中课堂的内容进行改善与调整。

以《碱的性质研究》为例,一共分为两个课时,第一课时"空中课堂"分别授课碱的物理性质、碱的化学性质。在碱的化学性质部分,拓展验证 NaOH 与 CO_2 反应,可以从反应物生成的角度来检验。《碱的性质研究②》直接进入酸碱的应用。对于我班学生学情进行分析,学习空

中课堂内容进行调整,第一课时讲解碱的物理性质、化学性质。对于验证 NaOH 与 CO_2 反应可以放在第二课时进行。第二课时分为两个板块:研究 NaOH 与 CO_2 反应,研究 NaOH 变质问题。

(二)课中:线上线下融合,提升学习成效

经过课时内容的调整以及重构,线下教学内容与"空中课堂"有共性内容和个性内容。

1. 共性内容教学实施

(1)"线上预习对应线下探究式教学"策略

线上与线下的教学优势互补,将两者结合会有更好的教学效果,既可以有效地提高教师的继续学习,也有利于教师与学生之间互动,使之增添学习兴趣。针对共性内容,笔者充分发挥"空中课堂"作为教学资源的特点,利用线上线下教学相结合,采用"线上预习对应线下探究式教学"模式,通过结合线上学习,线下新课按照"预习新课—交流反馈—深入探究—总结新课"的模式进行学习。

以第五章第二课时《酸碱中和反应》为例,教师可以将"空中课堂"的资源作为课前预习的内容,学生看完整节课视频后,进入晓黑板的讨论区进行交流。教师可以提出几个问题,如:①酸碱中和反应为什么使用酸碱指示剂?②放热反应可以说明一定是酸碱中和反应吗?通过提问,教师可以详细了解学生对于新课知识的掌握程度,以学生的认知基础为教学起点,在线下课程中对学生不理解的知识点重点讲解。

(2)"线上标注对应线下重难点定位"

以第六章第一节《金属的分类与共性》为例,"空中课堂"的教师在新授课时,会将本节课重难点以板书的形式罗列在 PPT 上,学生对于本节课的知识体系有着更深刻的认识,明确本节新课的内容有哪些,这样有利于提高学生的学习效率。

2. 个性内容教学实施

(1)"线上为主,线下拓展归纳"策略

以第五章《碱的性质研究》为例,"空中课堂"讲授验证 NaOH 与 CO_2 反应的方法,通过实验一步步展示给学生。但对于学生,知识点依旧是零散的,为了化零为整,需要线下课程的拓展归纳。学生要从反应物消耗角度、反应物生成的角度证明反应的发生,不仅学会 NaOH 与 CO_2 反应,还要学会运用这种方法来验证其他反应,这种方法的学习是化学学习过程中最重要的。

(2)"线上评价,及时交流反馈"策略

相对于共性的内容,教师设计的个性化内容对于学生的接受程度如何,掌握情况等更重要。对于传统模式来说,作业批改需要花费教师大量的时间精力,教师对于学生答题的印象也是模糊的印象,无法边改作业边了解分析某个学生的作业情况。然而使用在线平台,就可以解决以上问题。

在线平台有很多,如晓黑板、问卷星等带有评价功能的平台。以问卷星为例,教师可以编辑化学选择题发布在问卷星上供学生答题。无须批改,教师就可以查看学生答题情况,从而有针对性地调整自己的教学。

（三）课后：互动讨论扩展线下答疑，营造学习氛围

由于疫情在家学习,受到距离的影响,学生课后无法面对面找到老师请教问题,笔者在钉钉群开设了线上直播答疑活动。学生可以将不了解的题提前私信给教师,教师将疑问知识点罗列在PPT上,开展直播答疑课解决同学们的问题。对于初三学生来说,化学的学习不仅包含新课,其实也在新课中复习,不理解的知识点有着很多的共性,罗列疑问题目对于害羞不喜欢提问的同学也有着学习的益处。线上直播答疑的时候,如还有问题的,可以申请连麦问答解决。

四、结语

无论是严重疫情时期的线上教学,还是疫情减缓之后的线上线下混合式教学,笔者很大程度上感受到,让学生养成自学的习惯很重要,教师逐渐称为"引导者"的身份愈发明显,变成学习的组织者、设计者。无论学习场所、学习方式如何改变,"以学生为主体""基于学情开展教学""以学生为中心"开展教学活动一直不会变。

参考文献

[1] 谭永平.高职混合式教学线上资源建设的"3544"策略[J].中国职业技术教育,2019(11).

[2] 杨金勇、裴文云、刘胜峰等.疫情期间在线教学实践与经验[J].中国电化教育,2020(4):29—41.

[3] 周世平."在线学习"与"课堂学习"的互动策略研究[D].上海:上海师范大学,2006.

柯达伊教学法在初中音乐课堂中的实践

史羽迪

佐尔坦·柯达伊是匈牙利著名的民族音乐教育家，以他的名字命名的柯达伊音乐教育体系是当今世界著名的音乐教育体系之一。歌唱被视为柯达伊教学法中最为核心的一部分，在当今初中音乐课堂实践中，歌唱仍然扮演着重要的角色。柯达伊教学法以其丰富多彩的教学方法与手段，结合民族音乐传承的教育观，在音乐课堂的实践中，打破了传统音乐课堂的听授模式，从而有利于提高学生多方面的音乐活动参与度。本文立足柯达伊教学法中的科尔文手势、首调唱名法、节奏字母谱、即兴创作等方面，对其在生活化课堂上的应用进行了阐释。

科尔文手势在音乐课堂中的实践

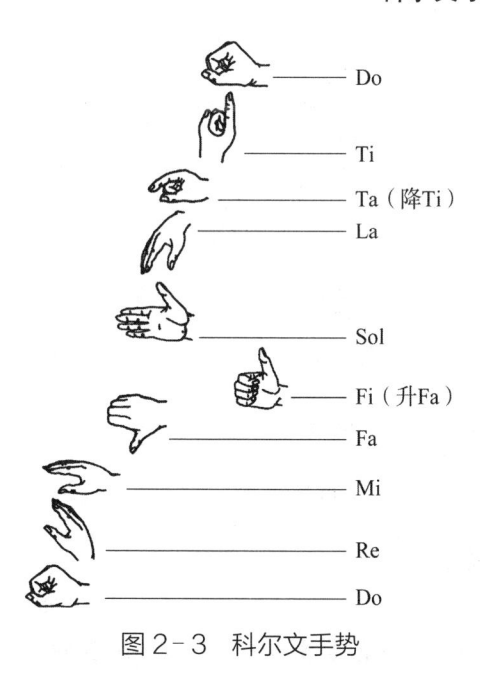

科尔文手势由 John Curwen 在 19 世纪 70 年代首创，每个音级都有其独一无二的手势，如图 2-3 所示。这是一种用于辅助的视觉工具，通过利用各音级在空间上的高低位置及其运用方向，便于学生理解音高及各音之间的倾向性关系。科尔文手势作为视觉感官上的辅助工具，利用空间的距离给音高直观的印象。通过视觉辅助理解旋律线条，帮助分辨乐曲旋律的高低起伏，可以帮助学生更好地理解乐曲情绪。

科尔文手势为歌唱课前热身提供了一种有趣而有效的工具。学生在第一次接触科尔文手势时，往往被其新颖的形式所吸引，此时，教师可以由浅入深，从基本的 do re mi 入手，通过手势反复演唱唱名，确保每一位学生都能够唱准音准的情况下，再学习其他音。科尔文手势将听觉的音高感受转换成了空间里更加直观的视觉感受，在学生熟悉各个音高手势之后，内心听觉的训练也可以通过科尔文手势的方式进行。

图 2-3 科尔文手势

首调唱名法在音乐课堂中的实践

歌唱中,演唱唱名是一首歌曲学习的基础,很多中学生对于乐谱演唱的恐惧在于不同调式中的升降记号,然而首调唱名法能够很好地解决这一问题。

首调唱名法使每一个音符都有属于自己独一无二的唱名,无论乐曲在哪一个调式中,都能保持使用相同的唱名法进行演绎。首调唱名法注重音级之间的关系,能够帮助学生快速地读出谱例。书本中的歌曲大都有明确的旋律线条,在学习演唱之前,可以先由教师用钢琴弹旋律,先通过耳朵听、声音模仿的方式,去感受音高的存在与变化,熟悉旋律之后伴随钢琴跟唱唱名。此种方式能使学生的听觉能力与歌唱能力相结合,也就是常说的"联觉",同时训练了内心听觉。有一点需要记住的是,如果乐曲较长,建议拆分乐段,将重复的乐段或者只有一点点变化的乐段放在一起用首调唱名法演唱,从而降低学生对于长乐谱的恐惧心理。在音乐课堂中,学生一边运用首调唱名法演唱单旋律声部,一边做科尔文手势,可以直观清晰地感受到乐句的高低起伏,调动身体的各项感官。

节奏字母谱在音乐课堂中的实践

与传统节奏中"哒哒哒"的读法相比,柯达伊节奏读法(如图2-4所示)给予了每一个不同时值的音符,有利于加深学生对不同节奏型的记忆与理解,理清节奏之间的差异,可以具象化"四分音符""十六分音符"等抽象的概念。

音值	柯达伊教学中采用的符号		节奏读音
全音符	o	o	ta-a-a-a
二分音符	♩	♩	ta-a
四分音符	♩	|	ta
八分音符	♫	♫	ti-ti
十六分音符	♬	♬	ti-ri-ti-ri
切分音	♪♩♪	♪♩♪	ti-ta-ti
附点音符	♩.♪	|.♪	ta-m-ti

图2-4 柯达伊节奏法

学生在学习节奏的过程中,通过跟读、手拍的方式与节奏时值紧密联系。比如,在学习全音符(ta-a-a-a)时,利用双手拍掌表示出ta,然后连续均匀地将双手向外三次,以此来表示剩下的三拍a-a-a,拍手的同时口中跟读出节奏名。

此外,为便于阅读与书写规范所创造的节奏字母谱也是柯达伊教学法中常用的简易记谱法,主要由相对唱名的字母标记和五线谱中的节奏符干结合而成。由于符干字母谱在节奏型上与五线谱完全一致,唱名上使用相对关系唱名,更易于歌唱,所以非常适用于生活化的音乐教育课堂。

节奏字母谱不仅触发了学生听觉上的感官,更多的是将其与对应的节奏符号相结合,帮助明确各个节奏型的含义与内容,能够将唱名与节奏分开来系统地训练与拓展,丰富音乐课的教学内容。

即兴创作在音乐课堂中的实践

说到即兴创作,有相当一部分教师对于即兴创作的理解存在误解,认为即兴创作就是作曲,对于初中阶段学生过难,所以在音乐课堂中很少看到即兴创作的环节。其实音乐课堂中的即兴创作教学并非只局限于旋律的创作,在节奏、旋律、歌词、情绪、甚至演唱形式上都可以做即兴创作的教学。当今的初中生对于音乐元素虽然有所耳闻,但未能构成一种系统的认识,因此需要教师在即兴创作前进行一定的规范讲解与引导铺垫。初中生已经具备一定的创新能力,因此恰当的即兴创作能够增进学生对于音乐学习的兴趣,同时提高学生的创新能力。

在中学生音乐课堂中,即兴能力并不需要特别复杂,在教师的提示引导下,学生依据想象,可以在一定条件下自由发挥,比如:

(1) 旋律的即兴训练:教师给出一个简短前奏,给出接下来乐句的节奏,学生立刻自行选择合适的音符进行旋律的编配。

(2) 节奏旋律综合性的即兴训练:教师准备几个画着基本节奏型的卡片,任意卡片可重复使用,教师确定拍号、起始音之后,学生选择卡片进行自由组合并选取合适的音符进行即兴创造。

在有框架的基础上进行音符、节奏的选择,保证了创编韵律的规范性,由于每一位学生的选择是不一样的,他们将自己创编的乐曲与大家一起交流分享,会有一种他们也可以是作曲家的成就感。

(3) 声势创编:以身体为乐器,通过身体动作,如拍手、跺脚、捻指、拍腿等发出声响,结合起来进行声势的自主创编。

音乐声势训练能够有效地培养学生的节奏感、听辨能力、反应能力、记忆能力以及创造能力,适用于音乐的基础训练。由于即兴演奏是一种有时间限制的能力锻炼方式,因此对于中学生心理素质的提高也具有很大的益处。

柯达伊教学法在当前中国音乐教育中走在前沿,在中学音乐课堂的实践方面却刚刚起步。科尔文手势、首调唱名法、节奏字母谱、即兴创作等是柯达伊教学法中几种典型的教学手段。

科尔文手势作为视觉感官上的辅助工具,利用空间的距离给音高直观的抽象。通过视觉辅助理解旋律线条,帮助分辨乐曲旋律的高低起伏,可以更好地理解乐曲情绪。节奏字母谱不仅触发学生听觉上的感官,更多的是将其与对应的节奏符号相结合,帮助学生明确各个节奏型的含义与内容,能够将唱名与节奏分开来系统地训练与拓展,丰富音乐课的教学内容。首调唱名法能够做到快速激发学生兴趣,让黑白的乐谱以听觉、演唱的方式快速被学生感知,相比于传统的固定调唱名法,首调唱名法将读谱的难度降到了最低,确定好音级关系之后便不需要注意升降记号。节奏字母谱给予节奏更丰富的韵律,更加清晰简便的书写方式让节奏也能充满乐趣。即兴创作可以提高学生的创新意识,辅助学生认知乐曲的调性等基本音乐元素,它也是一种有时间限制的能力锻炼方式,有利于儿童心理素质的提高。

柯达伊音乐教学法在音乐课的实践,突破了原有单一的"教师教授—学生模仿"的传统教学模式,丰富了课堂的互动性,增强了课程的综合性,能够多方面提高学生的音乐素养,不仅在歌唱上,而且在其他音乐体验、音乐表达方面均能有显著的提高。

参考文献

[1] 许彬彬.关注音乐实践,培养音乐审美——三大音乐教育体系在小学音乐课堂的运用和思考[J].教育艺术,2020(07),47.

[2] 闻雅."柯尔文手势"——建立学生可视化的音高感令音乐课堂绽放异彩[J].中国多媒体与网络教学学报(下旬刊),2019(10),201—202.

[3] 杨立梅.柯达伊音乐教育思想与匈牙利音乐教育[M].上海:上海教育出版社,2010.

浅谈初中英语教学中生活化教学课堂的设计及反思

刘诗卿

摘要：随着我国新课改十多年的发展，英语教学也在积极探索，尝试做出改变，英语课堂生活化教学的提出也预示着传统的初中英语课堂教学在渐渐地向现代教学观要求的课堂转变，教学以学生为主体，注重学生在学习中的情感体验，培养学生对于英语学习的长足兴趣。本文采用多种研究方法，如文献研究法、案例研究法（教学案例的研究与反思）、观察法（学生）等，对中学英语生活化教学的过程及其误区进行反思，并探索改进，寻求更好的解决方法和努力目标，为促进初中英语生活化的发展提供具有可操作性的课堂实施策略。

关键词：生活化教学；初中英语；游戏竞赛；探索改进；因材施教

一、引言

（一）研究的背景

2020新修订的《初中英语课程标准》把情感态度列为英语课程目标之一，英语课程不仅要发展语言知识和技能，而且有责任和义务培养学生积极向上的情感态度。其进一步强调："保持积极的学习态度是英语学习成功的关键。教师应在教学中不断激发并强化学生的学习兴趣，并引导他们逐渐将兴趣转化为稳定的学习动机，以使他们树立自信心，锻炼克服困难的意志，认识自己学习的优势和不足，乐于与他人合作，养成和谐健康向上的品格。通过英语课程学习，学生可以增强祖国意识，拓展国际视野。"作为教师，我们在备课时要更多地挖掘课程标准与学生生活的相关性，从学生的生活经验和已有的知识背景出发，来实践"课堂即生活，生活即教育"的育人理念，增强学生对于英语的学习热情。

（二）问题的提出

在这样的背景下，我开始思考这样几个问题：第一，目前初中英语课堂教学真的转变成了现代教学观要求的课堂了吗？第二，以英语课堂为例，生活化教学事件的灵感究竟来源于哪里？第三，游戏、竞赛如何最大限度地激发学生的学习热情？第三，学生在热闹的课堂上获得了进步和发展吗？为了解决这些问题，我进行了为期一年又六个月的课堂教学实践，积极探索

"生活化教学"的意义,引领学生通过课堂走进生活并反思课堂教学,解答心中的疑惑。

二、文献综述

(一) 相关概念界定

什么是"生活"？杜威认为,"生活是人的全部经验的总和"[7],后面加了一个"化"就将一个名词变成了某种状态,"生活化"就是将生活着的人变成了生存的状态,那生活化教学可以理解成把教学转变成生活的状态和样子[8]。不同于一般的生活化事件,生活化教学事件不仅是学生日常生活息息相关的事件,而且还是可以起到教育意义的事件,可以融入课堂教学,启迪学生发现真理,规范行规,开阔思路,激发兴趣。

(二) 国内外研究概况

英国实证主义教育家斯宾塞提出著名的"教育生活准备说"。在斯宾塞看来,教育应当教导一个人怎样生活,使他获得生活所需要的各学科知识,斯宾塞还从学科设置与教学内容方面考虑到了教育与生活的关系,他认为教育与生活联系,不能分割。

随着人类的发展,伟大的无产阶级革命导师马克思指出:"人们的存在就是他们的实际生活过程。"[5]那么既然课堂是教师与学生的主要生活场所,因此课堂教学与学生的生活也密不可分。

美国教育家杜威真正发现了教育与生活的关系,提出了"教育即生长"的著名观点。他认为,学校就是生活的一种形式,教育的过程就是生活的过程,而不是将来生活的准备。

著名的教育家陶行知发展了杜威的教育思想,提出了"生活即教育,教育即生活"。生活教育理论是陶行知的基本教育理论,也是其教育思想的核心。[1]

李长吉在《教学应该回归怎样的生活世界》中指出,教学所要回归的生活世界不单纯是现实的生活世界,还包括精神层面的生活世界、未来的生活世界和学生内心的生活世界。[2]

陈烨认为,应将教学内容生活化、教学过程生活化、教学拓展生活化。[3]

黄小红认为,应充分利用学校和社会可用资源,拓展教学生活化空间,如生活化的校园外部环境、生活化的校园文化氛围、生活化的环境资源、生活化的人文资源。[4]

(三) 研究综述的归纳与思考

专家们都指出,教育教学应回归于生活,教学与生活密切相关并不可分割,但是从已有研究的内容上来看,各位教育学者大都是针对教育和生活提出一些宏观理论,其都是零碎、个别的经验反思,缺乏一套完整的"生活化"理论体系,缺乏实践性,所构筑的是一个理想化的精神世界。从操作层面上来说,想要实现传统的英语教学课堂到现代的英语教学课堂的真正转变存在难度,下面我结合自己在实践过程中所碰壁的几个方面来阐述本人对于生活化教学事件的几点思考。

三、生活化教学事件的设计

（一）生活化事件的灵感来源?

"不好的教师传授知识,好的教师是引导学生发现真理。"在实践生活化课堂教学的过程中,我慢慢领悟到:从学生的实际出发,创设基于学生特点的情境,更能起到事半功倍的教育效果。

英语中最常用的就是创设情境,有目的地引入或创设具有一定情绪色彩的、以形象为主体的生动具体的场景,以引起学生一定的态度体验,从而帮助学生理解教材,并使学生的心理技能得到发展的教学方法。教学方式多种多样,教师可以根据教学的内容和学生的兴趣爱好,选择合适的情景类型,以增强学生参与课堂的能力。

那么这个情境设计的灵感从哪里来呢?纵观预备年级到初三年级的单元,都是和生活息息相关的:家人朋友、职业未来、饮食健康、节日习俗、学校生活、小区配套、自然天气、小说、剧本、漫画等,所有的主题都离不开学生们的日常生活。这就给了我们英语教师一丝灵感,试想若每一堂课,或结合本班级学生的个体案例,或根据学生的共同认识去导入,或者适时渗透生活化事件,会不会达到事半功倍的效果?

因此,我将该想法分别实践到了三堂教学课堂中:6A M2U7 Rules around us,6A M3U10 Healthy eating,7B M3U10 Water Festival。

以 Rules around us 为例,本课主要操练 We mustn't 的句型。在备课过程中,我提前录好了本班级学生从开学以来的一些典型陋习的视频,如乱扔垃圾,产出句型——We mustn't leave rubbish everywhere. 又如课间相互打闹,产出句型——We mustn't fight with each other. 再如上课打瞌睡、阅读故事书,产出句型——We mustn't sleep/read story books in class…

这是该环节的教案:

| 3. Play a video and ask the students to find out what mistakes they have made in the video. | Ss watch the video and answer the questions by using 'We must not…' | T ↔ Ss | 通过视频激发兴趣,从身边同学出发,再次操练句型 We mustn't… |

该环节激发了全班同学的兴趣,我发现以往一些成绩中下水平的学生都积极参与,踊跃发言,每一位同学都抱着期待的目光期待我点到他们来指出班级中的不足之处,原本班主任口中的说教从他们口中用英语的形式表达出来倒更能使他们接受,同学们纷纷指出自己平时的习惯与 school rules 的背离指处,这种联系学生日常生活的情境创设,既巩固了 we mustn't 的句

型，又将学科中的德育无痕渗透融入对学生的德育教育中，当学生觉得英语学习就是真实发生在自己身边的事情，他们就会明白学习英语的意义，真正实现《初中英语课程标准》的情感目标。

（二）生活化课堂——游戏竞赛实践反思

美国学者埃克斯雷指出："能够引起学生学习兴趣的方法就是最好的方法。"从六年级我担任预备7班班主任的第一天开始，我就想开发一个具有班级特色并可以持续4年的游戏，从而引发每一位学生对于学习英语的热情，形成一个良性竞争循环。从第一个星期开始，我就对他们每个人的兴趣爱好进行调查，发现他们课间普遍谈论的都是一款名叫"王者荣耀"的手游，他们会为了拿到最高排名周末通宵，我想有没有什么办法可以把学生对于游戏的热情转移到英语上来，或者在两者之间建立一座有力的桥梁，作为班主任，为学生营造一个轻松愉快的学习氛围，使学生在玩中学，在快乐的气氛下主动地去学习英语单词。

想了很久，我决定将这个单词记忆游戏取名为"最强大脑"，这成了我们的班级特色，也是每位同学两周来最期待的游戏环节，最后会决出三个名次"最强王者""钻石"和"铂金"，名字的由来也是取自他们最热衷的"王者荣耀"这款手游。果不其然，当他们听到这个称号的时候每个人都很激动，一定程度上达到了我的预期，充分调动了每一个人的积极性，大家都跃跃欲试。

于是，一开始我将全班34位同学分成10组，一般是1位较好带2位中等、1位偏下的组合，在我的期望中，是2位较有能力者会督促、催促个别喜欢偷懒或是能力不足的同学，但是在实施过程中我发现大多数能力较强的同学执行力都不够，他们能做到自己全部熟练地背出来，但是对于帮助弱者他们感到有较大的难度，也可能是心有余而力不足，因为一般英语薄弱的同学三科都不好，每到下课或是午自习自己可支配的时间就会被任课老师叫去办公室，回到家之后更是不会主动学习。渐渐地，组长就产生了惰性，由于知道自己这一组有人拖后腿，一定不会获得名次，就干脆也懒得背单词了，每一组的希望就寄托在了最末尾的一位同学身上，这与我一开始设立的目标群体相悖，于是我重新修改了游戏规则。

我想把这次的目标群体设立为优等生，这个年纪的学生普遍好胜心较强，并且针对目前班级里高分段不多的情况，我将小组赛改成了个人赛。不出所料，除了班中的尖子生，甚至几个成绩中等的学生也希望来一争高下，但是，经过几周的角逐下来，我又发现了赛制的不妥之处，第一、第二、第三名几乎永远是能力最强的几个人。他们可以花最短的时间背出最多的单词，又快又准确，中等的学生缺乏自信以及其他同学的看好，积极性越来越低，后来就完全放弃了，班级中70—80分的人数最多，我想要改变这个局面，重新激励这个分数段的学生重拾自信，提高学习英语的热情，我又重新修改了赛制。

我发现除了基础不好、能力不足的低分段学生，其他同学只要愿意花时间，都可以背出单词，花的时间越多，单词背得越熟。因此，为了给这些学生鼓励和信心，使之看到赢的希望，我将个人赛又改成了小组赛。这一次是两两为一组,一强带一中等水平的学生。这个赛制彻底激发了他们的好胜心,两个人相互牵制,强者起到督促作用,中等水平的学生为了不给自己丢脸,也会使劲背单词,只要参与我都会给奖励。这样一来,每一次报名的都会有10组左右,确保了班级里除了最后十名基础不好的学生,其他学生都可以加强课外单词的学习,其实也相当于每月两次的分层作业。

教无定法,贵在得法。游戏教学法在一定程度上确实可以激起学生的学习热情,但若要长久,必须适时地根据每一个年龄段的学生,以及班级的具体情况具体制定,切不可生搬硬套,使游戏在最大程度上激励每一位学生的学习热情。因此,为了提升课堂效率,教师要保持与时俱进的理念,不断改进教学策略。

(三) 生活化课堂教学的特殊性

我认为,生活化课堂教学的重点不在于生活化,而在于教学,生活化的情境创设是为了辅助教学,最后应完成的是知识点的传授,而不是纯粹的为了生活化而生活化。初中生这个年龄段很特殊,尤其是我现在所任教的初一年级的孩子。他们天真幼稚、活泼好动、好奇心和上进心较强,具有半儿童半成人的心理特点,是独立性和依赖性、自觉性与幼稚型错综交织的矛盾时期[9]。作为教师,创设生活化课堂教学一定会激发学生对于英语的学习兴趣,但是我们也会面临课堂失控的风险。

这里列举一个我曾经创设的生活化课堂的教学事件。这是围绕七年级上半学期的一篇课文 Plan an international food festival 策划的一次国际食品节,最后的产出环节我将国际食品节改成了班级食品节。课文里策划的国际食品节是为了救助动物协会筹钱,我将它改成了筹集班费。于是我按照课本里的流程,前一天晚上要求学生带好零食,贴好标签并确定价格,第二天课上给出食品交易的英语对话,让他们自由进行买卖,课后将收益上交作为班费。结果发现,真实的课堂状态和我想象中有条不紊的课堂截然相反,宛若一个菜市场,乍一看,这个生活化情境创设确实激起了同学们的热情,学生一开始可能确实会严格按照老师的要求去做,用英语对话完成食品买卖,但是后期只要发现老师一走开,就开始习惯性地用中文交易,甚者直接拿走,课后结算的班费也对不上号,因此我不认为这是一个成功的生活化课堂教学案例,它成功地创设了一个生活化场景,可是学生却没有学到应有的知识点。

课后我总结了不足。初一年级学生意志行动的自觉性和自制力虽有一定提高,但还具有较大的受暗示性,他们意志行动的品质以老师的严格要求程度为转移,他们还不习惯和不善于独立控制自己的行动。因此,作为教师,我们要在备课过程中预设生活化课堂教学每一个可能发生的不可控因素,使学生在我们构建的情境中按照我们既定的设想有条不紊地发展,只有纪律不出现松弛和混乱,学生才能够静下心去领悟新知。

事后,我为了将不可控因素降到最低,将该活动做了微调。第一,我在班中选了三名同学,分别负责主持食品交易、找钱收钱、记账；第二，句型在前一天晚上就要求他们背默，确保第二天活动可以井然有序推进；第三，每一位学生按照抽签顺序依次到主持人那儿购买食品，全程用英语对话，教师在一旁进行监督干预并适时指出语病。这样一来，不仅可以锻炼学生的口语表达能力以及即兴反应，也为新中考的口语测试做了铺垫。

四、结论：生活化教学策略并非一成不变

课堂即生活，生活即教育，不管是英语课堂，还是其他的每一门学科，从根本上讲都是与生活密切相关的。就我所任教的英语学科课堂教学有效性角度而言，运用生活化教学事件有三点好处：第一，活跃课堂气氛，激发学生的思维度和专注度、参与度和互动度；第二，使学生在比较传统的课堂教学的传授中更能掌握和接纳知识；第三，增强学生的跨文化交际能力，将英语作为一个载体或工具，把中华民族的优秀文化传播到世界各地，激发学生热爱祖国和热爱生命。

但是，仅有丰富的理论，真的可以使传统的初中英语课堂教学转变成现代教学观所要求的课堂吗？教师们从一开始备课时就有的灵感，无论是精心策划的游戏，还是想象生动的情境创设，一旦实践到课堂教学中，每个班级的反馈大相径庭。因此，作为教师，我们所采取的生活化教学策略要顺应各自班级的特色而做适当的调整。教师在备课时一定要认真钻研教材，以知识的科学逻辑和生动形象的语言、肢体相结合，又要适时地改进教学方法，以适当的教学难度，使学生在原有的基础水平上有所提高，收获成果的喜悦，从而激起学生一次又一次探求新知的兴趣。

教育实践证明，很多品德不良的学生都是从对学习不感兴趣、学习成绩差开始的，正所谓"兴趣是最好的老师"。课本知识是死的，而每位学生各具特色，教师创设的活动既要发挥优等生的能力，又要使大多数学生跟上，都有所提高，使低分段的学生提高对于学习该科目的兴趣。教师们只有在一次又一次的实践当中对每一位孩子有更多的了解，对自己的生活化课堂把控得更加清晰，不断地发现尽可能多的生活化课堂策略以及可采用的形式和方法，最后再去引导孩子们发现知识的美丽，才能帮助他们在热闹的课堂上获得长足的进步与发展。

参考文献

［1］陶行知.什么是生活教育.陶行知教育文集［M］.成都：四川教育出版社，2005.

［2］李长吉.教学应该回归怎样的生活世界［J］.中国教育学刊，2005(10)：15—17.

［3］陈烨.小学英语生活化浅析［J］.课改之声，2006(6)：40.

［4］黄小红.让英语回归我们的生活［J］.中国教育研究论丛，2007(1)：12.

［5］中共中央马克思恩格斯列宁斯大林著作编译局.马克思恩格斯选集：第一卷［M］.北京：人民出版社，1995.

[6] 中华人民共和国教育部.义务教育英语课程标准[M].北京：北京师范大学出版社,2011.

[7] 约翰·杜威.民主主义与教育[M].王承绪,译.北京:人民教育出版社,1990:7.

[8] 王玉芳.中学英语生活化教学的误区及对策研究[D].武汉:华中师范大学,2017.

[9] 陈芝秀.试论初一年级学生的心理特点与教育[C].中国学术期刊电子出版社,1994—2021:83.

浅谈七年级数学中的生活化课堂

奚亿鑫

摘要: 初中数学教学过程中,教师不仅应注重内容的教授,更应重视学生解决实际问题的能力,体现学习数学的现实意义。同时,也让学生在此过程中体会学习数学的乐趣,学以致用。所以,教师要在课堂中恰当设置生活化场景,使学生切身体会,在感知与体验中学会数学。

关键词: 生活化课堂;数学教学;七年级

一、生活化课堂

(一) 生活化课堂概述

近年来,随着基础教育课程改革的全面开展,人们越来越重视学生的人生发展和生命价值。教学目标价值取向上更注重个体全面而自由的发展,教学策略上具有明显的合作、参与、体验和探究特征,教学内容上强调多角度、多层次的参与。更新教育理念,创新教育模式,追求课堂教学生活化,成为大势所趋。2011年国家实施的课程标准明确规定:"使学生学好适应日常生活、参加生产和学习所必需的知识,使他们能够运用所学知识解决实际问题。"[1]所以课堂生活化的概念被更加明确地引入教学中,"生活化教学"是一种教学方式,通过将生活和教学内容相联系的方式,帮助学生使用自己已经具备的知识、经验来理解和学习课堂内容,实现通过生活常识理解新知识、构建知识体系的目的。此外,将知识日常生活化,也可以帮助学生更加了解知识的价值和实际的应用,通过了解知识的内涵避免学生出现"读书无用论"的思想,使知识不仅仅是用于功利化的考试要求。

生活化课堂实际上是一种比传统教学方法更加合理的、贴合实际的教育模式。与机械地根据课纲进行教学不同,"生活化"的过程充分发挥了学生和教师的主观能动性。对学生来说,每一个学生在进入课堂时都有自己的经验,这种经验往往是通过他们自己的逻辑判断和感性分析得到的对某些知识的见解和看法,通过利用这种经验作为新经验存在的基础,能够使学习变得更加高效。此外根据不同学生的实际情况构建不同的生活化场景,有利于更好地激发学生的学习兴趣,培养学生具有将实际生活情境中的具体问题抽象成理论问题的能力。这种实际生活和理论的结合可以培养学生的辩证思维和创新精神,并鼓励他们进行"认识—深入理解—实践—加深认识"的学习过程。通过正确理解整个认识过程的无限性和反复性,达到培养学生终身学习能力的目的。从学习心理学的角度观察,这样一种深入性的探究首先可以满足学生对自我需要的追求,随后又可以激发学生的成就动机,提高学生学习的自我成就感。从情感态度价值观的角度出发,既有利于培养学生坚韧不拔的科学探究精神,同时也有助于提高学生对科学学习正确价值的认识[2]。对教师来说,这种将生活和知识恰当、生动地联系的过程本身就是对教学能力的一种锻炼,这一过程中教师不断地加深对教学知识的理解,更好地实现授人以渔的目的。

（二）生活化课堂的理论基础

1. 陶行知生活教育理论体系

陶行知先生认为,生活和教育是两个密不可分的概念,"没有生活做中心的教育是死教育。没有生活做中心的学校是死学校。没有生活做中心的书本是死书本"[3]。他反对基于书本而脱离实际的教育方法。生活对教育的影响可以从两个方向阐述:从特定时间段来讲,在某一时间段内的教育内容和形式本身就应该符合该时间段的社会环境和历史背景[2]。从时间的广度上来看,人的一生中所经历的生活,都可以称为成长与教育,即教育不是狭义范围的校园生活,而是需要贯穿生命始终的,不断地从生活中感悟与汲取。因此,生活是教育的基础与中心,教师在课堂教育中更应该关注生活对教育的影响。

2. 陈鹤琴"活教育"课程理论体系

陈鹤琴认为,固化的文字理论束缚了学习者的思维,身边真实的社会生活、真实的自然环境才是真正的知识源泉[4]。只有让儿童把自然、社会中的要素当作需要学习的书本,儿童才能在原生态环境中汲取最为原生态的知识,在自然的环境中认识世界、感知世界、理解世界、探索世界,再服务社会、服务人民、回报祖国[5]。

陈鹤琴先生认为,传统书本上的知识和实践中的知识之间不能形成有效的联系,相互孤立的知识无法使学生感受到知识的趣味性和知识间的联系,所以仅仅将书本作为教材是不够的。这种仅仅基于书本的教学方式使学生不能够学以致用,导致知识本身的价值很难得到体现。但"活教育"理论并非对于课本知识全盘否定,而是强调知识应该来源于自然,通过自然的环境为不同的知识创建联系,从而形成一个体系,创造一个符合学生身心发展规律、将学生生活和教学内容有机结合的教育模式。

3. 杜威的实用主义（经验主义）理论体系

美国著名哲学家、教育家杜威提出"教育即生活"的观点,他的实用主义理论认为教学不是学院式的,要使生活经验充分参与到教育中,要求"学校必须呈现现在的生活——即对儿童来说是真实而生气勃勃的生活。像他在家庭里,在邻里间,在运动场上所经历的生活那样"[3]。

教育作为一个生活过程,对个体生活经验进行不断改造、完善和丰富,其中生活与经验是教育的灵魂[6]。杜威认为,教育不是对外在知识的强迫吸收,而是对人生活的不断满足和充实。对教师来说,学生的教育是对生活的适应,可以说教育和生活息息相关、不可分割。所以要以学生的主体活动的经验为中心来组织教学活动,主张要以问题解决学习为主要形式展开活动,通过学生主体的学习活动实践,促进其人格的全面发展。在这个过程中教师的使命就是建立起学科和生活经验之间的桥梁,帮助学生不断积累生活经验,从而充分发挥学生的主体性,通过成熟的逻辑水平理解和学习新的知识。

4. 构建主义理论体系

当代建构主义的理论是课堂教学生活化的重要理论来源。建构主义学习理论认为,学习是学习者自己建构自己的知识的过程,外部信息的意义并不是由信息本身决定的,而是学习者通过新旧知识经验间反复、双向的相互作用过程而建构成的[3]。即建构主义强调了学生主观能动性在整个学习过程中的地位,在学习的过程中不断地发挥个体优势,主动地进行探索进而构建出需要的知识体系。传统教学模式是以教师为中心,通过教师教学让学生被动接受知识,而构建主义强调学生自身的探索,其核心思想是教师应围绕学生与学生的合作展开教学,在学生已有的知识体系、知识架构和知识经验的基础上,引导学生进行主动探索、架构,进而达到掌握的程度[7]。在这个过程中教师的角色不是一个知识的来源,而是将教学根植于学生的经验世界中。即此时学生为教学的中心,教师起到组织学习、引导和促进学生进步的作用,利用学习环境等因素充分发挥学生的积极性和主观能动性,将新知识以原有的知识为基础构建到自身的经验结构中,并反作用于原有知识,对其进行丰富和调整,以达到构建学习的目的。

(三)初中数学生活化课堂概述

根据对生活化课堂的基本概念和相关理论体系的叙述可知,生活化课堂的实现需要依据实际情况进行,因此基于不同的科目及地区生活环境,我们还应做出进一步的探讨。本文着重探讨初中数学的特点及其对生活化课堂实现的影响。

首先我们可以考量一下初中阶段学生及教学目标的特点。从教材上看,中学课本较为关注知识体系的完整性和系统性,但实际上初中的知识还处在比较初级的阶段,这个阶段的内容大多可以和实际生活联系在一起。初中阶段的学生处在身心发展的关键阶段,有较强的好奇心,对新鲜事物的接受能力较强,这个时候通过实践性学习(如对某一类知识的课外调查、某一种现象的观察)可以较好地培养学生的创新和思考能力。此外,科技的进步及初中的多媒体教室的普及,也为生活化课堂创造了条件。一方面,学生有更好的条件完成信息的搜索和获取,积累大量的生活经验;另一方面,教师也可以运用多媒体手段完成生活化教学,为学生提供更高效的教学模式。

其次是数学这门学科的特点对生活化课堂目标的影响。数学作为一门理科学科,有应用广泛、逻辑严密且内容抽象等特点,是一门强调逻辑和理性分析的学科。在传统的观念中,对人的日常生活中获得的经验总是认为是感性的,即相对于理性来说是"非科学"的,导致一种单纯地追求课本中知识的掌握和学生理性思维的教学模式,使得数学知识远离生活乃至更高阶的生活意义。实际上,数学广泛存在于日常生活中,并且是各个重要领域的基石和必要工具,只有将数学和生活相结合,贴近生活,才能培养学生学习数学的正确方法。例如,通过数学解决一些生活问题,叙述我国优秀的数学家在数学领域内对祖国做出的突出贡献。这样不仅能够激发学生学习数学的兴趣,通过各种直观经验帮助学生理解数学的抽象概念,养成良好的科学态度,更能够达到培养学生正确的价值观和良好品德的目的,实现教师在教学中的更高阶的目标。此外,结合初中这一阶段来看,初中数学基于小学数学发展,需要注重与小学数学知识的联系并对初中阶段数学知识加以拓展,处于直观数学知识和抽象数学知识的承接阶段。基于这一个特点,对初中阶段数学的生活化是十分必要的。

基于上述内容可知初中数学生活化课堂的必要性,实际上关于数学生活化的概念,现在暂时未有一个统一的说法。梁大维[6]列出了国内具有代表性的学者给出的定义。徐大旺认为,在数学教学实践中,生活化教学要求加强数学课堂的现实性,培养学生的数学应用意识;注重数学实质教学,让学生在数学探索中发展思维;关注学生的选择性和差异性,促进学生实现全体发展;突出数学实践,让学生在数学体验中领悟数学知识;科学运用信息技术教学手段,实现简捷有效的数学课堂教学。吴晓红认为,数学生活化指的是通过整理现行教材中脱离学生实际生活的数学问题,将其还原为学生实际生活,转化为具有现实意义的数学问题,将数学教学和学生生活有机结合,激发学生数学学习兴趣,培养学生应用数学知识思考生活的应用能力。而陈碧芬等[8]认为,从现有文献来看,对数学生活化的概念存在着认识不一的现象。目前关于"数学教学回归生活"存在着六种概念。此外,即使在界定"数学生活化""生活数学化"等概念时,不同论者的概念也存在很大差异。所以从马克思主义哲学的角度进行分析,指出数学生活化的内涵和马克思主义哲学是相统一的,即社会是一个以社会实践活动为基础的人的主客观相统一的世界,数学的学习过程也应遵循主客观相统一的原则,数学回归生活的核心是主体回归生活,以社会的实践性为基础充分发挥生活的过程性和动态性,使教师和学生在这个过程中都充分地进行实践。

总的来说,数学生活化的概念可分成两个部分来理解,即教学内容生活化和教学形式生活化。教育内容的生活化是通过课堂的社会热点阐述、数学应用题设计、课后思考等方式将数学知识和生活背景以及生活经验相联系,从而激发学生的学习兴趣,让学生学会通过理性的方式应用数学。教学形式生活化是指通过对不同的学生性格和生活背景的分析,提供不同形式的教学模式(如实践探究、课堂讨论、小组合作等方式),从而培养学生的兴趣以及自我学习的能力,推动数学知识的学习和生活经验的结合。

二、数学生活化案例分析

上教版七年级上册《数学》课本提供了现实、有趣、贴近学生生活实际的数学背景材料。编者考虑到课本的使用对象是七年级学生,将数学知识形态转化为学生感兴趣的和学生可理解的教育形态,课本中将学生感兴趣和熟悉的问题情境引入学习主题,设计和提供了很多实际情景问题。而在课堂教学过程中,教师将课本中、生活中、先前与现在的知识结合起来,数学知识回归到生活实际中,引导学生慢慢学会应用数学,帮助解决实际生活问题。这也是数学生活化教学的最终环节,一方面展现了本学科的价值,另一方面培养了学生将生活中的问题抽象出来的思维能力以及解决问题的能力。

(一) 第九章《整式》章节引言

本章的引言部分将学生熟悉的与学校运动场上的跑道相关的问题引入整式概念。为了公平、准确地确定运动员成绩,终点都在垂直于跑道地同一条直线上,但弯道内外圈的长度不相等,因此长跑运动员的起跑线不一样,由此引出问题,相邻两条跑道上的运动员的起跑线应相隔多远才公平? 这个问题在本章学习完整式的计算可以运用相关的数学知识来解决,从而引起学生兴趣。

(二) 第十章《分式》

分式是初中代数的重要学习内容之一,是有理数的一个重要组成部分。学习分式,是对整式的运用和巩固,也是对整式的延伸。

§10.1 分式的意义

课堂导入:

①去年天猫双十一1分36秒成交额达100亿元,则平均每秒的成交额是多少? 假设今年双十一天猫在 x 秒内达到了100亿元的成交额,则平均每秒的成交额是多少?

②一名篮球运动员在一个赛季中罚球罚进 a 个,2分球投进 b 个,3分球投进 c 个,那么这名篮球运动员3分球得分占其总得分的几分之几?

上述问题中得到的式子是整式吗? 如果不是,那么这些式子有些什么共同的特征呢? 你还能举出一些这样的例子吗?

学生思考讨论,举手交流。

课堂导入部分说明了学习分式的必要性,现实生活中需要这样的知识解决问题,让学生由具体的数字到字母的变化,体会分式的意义,由实际生活进入学习主题,有利于激发学生解决问题的积极性和主动性,教学效果也更好。

§10.5 可以化为一元一次方程的分式方程

教师提出问题:上海至南京的铁路路程约300千米,如果行驶在这段路程的高铁动车与普通快车的车速之比为5∶3,高铁动车比普通快车快1小时到达,那么上海至南京的高铁动车与普通快车的速度各是多少?

设计了上海至南京的铁路提速的问题情境,引起学生对所学内容的兴趣,在解决实际问题时,会出现分母中含有未知数的方程,这又与整式方程不同,就自然地引出分式方程。实际问题中考虑解分式方程时可能产生增根或者根不符合题意的情况,为以后求函数定义域做铺垫。

在分式方程的应用中,举出例题:一小包柠檬茶冲剂,用 235 克开水可冲泡成浓度为 6% 的饮料,这包柠檬茶冲剂有多少克? 本题试图以解分式方程为基础,解决浓度问题,引导学生慢慢学会从生活中抽象出数学问题,用数学的基本思想方法和技能解决生活中的一系列问题。将生活题材转化为数学模型,学生能体会到生动的数学,有助于在未来生活中灵活运用从数学中学到的思想和方法。

(三) 第十一章《11.5 翻折与轴对称图形》

本课时内容主要是,通过"图形的翻折运动"进行观察和实验获得形象认知,总结归纳翻折运动的性质。在教学设计中,学生通过观看中国民间传统的艺术——剪纸——来得出轴对称图形的概念,这让学生有了直观感受,易于理解知识的形成过程,激发了学生参与活动的积极性。在学生基本掌握轴对称图形的概念后,请学生举例说出生活中的轴对称图形,培养学生尝试用数学的眼光去观察客观世界的能力。再请学生欣赏中国三大国粹之一京剧脸谱以及国内外的建筑,在渗透中国传统文化的同时,体味数学、自我强化概念,在学习中感受数学图形的对称美及其应用价值。

三、小结

生活化教学与传统的简单传授知识不同,可以有效提高学生的学习兴趣,提高学生课堂的参与度,并且培养学生在学会知识以后理论联系实际的能力,利用学到的知识来解决实际生活中的相关问题。数学是一门抽象的、重逻辑思维的学科,将生活化教学应用在数学课堂中,对学生的学和对教师的教都能产生积极的影响,有助于学生克服只会做题不会应用的现象,也让课堂更加生动活泼。每一种教学方式也都有需要继续完善的地方,生活化教学的模式也还需要教师在课堂中不断摸索、探究,在进步中走向成熟,走近完美。

参考文献

[1] 中华人民共和国教育部.义务教育数学课程标准[M].北京:北京师范大学出版社,2011:1—10.

[2] 何山.初中生活化教学提高学生科学素养的实践探究[D].桂林:广西师范大学,2017.

[3] 卢峥嵘.初中生物课堂教学生活化的研究[D].桂林:广西师范大学,2007.

[4] 钱海娟.论陈鹤琴"活教育"理论的现实意义[J].考试周刊,2016(97):137.

[5] 庞晓彤.陈鹤琴"活教育"理论的历史影响与现实意义[J].西部学刊,2020(13):119—121.

[6] 梁大维.初中低年级数学生活化教学研究[D].烟台:鲁东大学,2017.

［7］刘立莉,亢连连,姜华.基于建构主义教学理论的跨文化外语教学模式探析[J].文化创新比较研究,2020,4(31):187—189.

［8］陈碧芬,张维忠,唐恒钧."数学教学回归生活":回顾与反思[J].全球教育展望,2012,41(01):86—92.

浅谈如何应对初中地理学业考试

徐 丽

摘要： 上海市教育委员会根据《国务院关于深化考试招生制度改革的实施意见》《教育部关于进一步推进高中阶段学校考试招生制度改革的指导意见》和上海市教育综合改革的要求，制定并印发了《上海市进一步推进高中阶段学校考试招生制度改革实施意见》。根据《上海市初中学业水平考试实施办法》精神，笔者从自身实际教学工作出发，从"迎考，重在平时""应对，厚积薄发""反思，不断挑战"三个方面，浅谈自己在实际教学工作中应对初中地理学业考试的策略。

关键词： 地理学科；学业考试；应对策略

在新中考改革的背景下，根据《上海市初中学业水平考试实施办法》精神，我们迎来新一轮的上海市初中地理学业水平考试。面对地理学业水平考试，教师该怎样迎接？该如何应对？我从自身实际教学工作出发，针对地理学业水平考试的应对策略，浅谈一二。

一、迎考，重在平时

（一）注重基础的学习习惯

我认真学习并研究了新版的《上海市初中地理学科教学基本要求》(以下简称《基本要求》)，整理并制作了各年级的地理学科双向细目表(见表2-1)。一方面，学生可以根据双向细目表对有关知识的掌握情况进行及时检查并自我反馈。在留白处"我的知识梳理"一栏记录自己对本章知识的理解，进行梳理与巩固。在"我的疑问和困惑"一栏记录自己在学习过程中产生的疑问与困惑，可以通过小组交流、网上查阅等方式来解决问题，从而养成发现问题、解决问题的能力。另一方面，我根据双向细目表上的学习要求以及学生的反馈情况，及时调整自己的教学内容与教学进度，以便更好地提高教学效率。

表 2-1　六年级地理（第一学期）双向细目表（部分）

一级主题	二级主题	三级主题	学习要求	识记	理解	应用	综合	分值
主题2 地图	地图的语言	2.1 比例尺、方向、图例和注记	理解地图上的方向		√			
			理解不同比例尺的地图		√			
			运用图例和注记，在地图上查找信息			√		
	地图上的经纬网	2.2 经纬网	识记经线、纬线、地轴、本初子午线、赤道、南极、北极	√				
			识记七大洲、四大洋	√				
			理解地图上经度、纬度的标注		√			
			理解相对位置和半球位置		√			
			运用经纬网地图，判读某地的经纬网			√		
	形形色色的地图	2.3 分层设色地形图	理解海拔和相对高度		√			
			理解等高线		√			
			在等高线或分层设色地形图上分析地势的高低和陡缓，估算海拔与相对高度			√		
		2.4 主题综合	运用常见地图确定位置、估算距离、设计路线				√	

我的知识梳理：	我的疑问与困惑：

（二）"鱼""渔"结合的学习方式

上海市及浦东新区相继出台的初中学生学业考试实施方案中，对于"地理"学科的考试提出以下要求：考试形式为开卷笔试，考试所携带资料不受限制。考试时间为60分钟。试卷总分为100分。题型为填空题、选择题、读图分析题、改错题、问答题等。

此次地理学科的学业考试与以往不同之处在于：一是考试形式，由原先"开图笔试"到现在"开卷笔试"，考试所携带资料不受限制。二是题型也有所调整，在原先"填空题、选择题、读图分析题"的基础上增加了"改错题、问答题"等。

地理学业考试重视考查地理事物的分布位置、空间规律、相互联系、发展变化和形成过程等基本内容[1]。地图是地理知识的重要载体,是地理学科最重要的工具,读图能力是地理学科最重要的能力[2]。除了在平时教学中注重学生读图能力的养成,同时我根据《学业考试实施方案》整理了相关资料,供学生查找翻阅。通过教师的引导,学生会对身边的资料进行排序和分类(见图2-5),以便更快捷、更高效地查找相关资料,提高查询、检索、提炼、处理信息的能力。这种"鱼""渔"相结合的学习方式,大大提高了复习的效率。

01 读图 → 02 资料检索 → 03 书本

试卷上的图　　　根据印发的资料　　　结合目录快速
地图册上的图　　快速检索《基本要求》　翻阅书本或其他

图2-5　学习资料排序和分类

(三) 立足过程的评价机制

在教学过程中,为了更有效地了解学生的学习情况,及时发现"教"和"学"中的问题,我除了采用非正式考试或测验的形式进行形成性评价外,更加注重对学生在学习过程中参与课堂、融入课堂、生成课堂的学习过程的评价。我结合《上海市学生学习成长记录册》的相关要求制订相应的学期总评方案(见表2-2),从评价机制上吸引学生投入地理课堂中。

表2-2　地理学科(学生)学期总评方案

过程评价(100分)			考试成绩 (100分)	学期总评 (100分)
课堂表现40分	练习册40分	小组活动20分		
*学习态度:(1—10分) 态度端正,积极性高,参与性强。 *课堂表现:(1—20分) 主动参与课堂,善于思考,善于发现问题,积极探寻解决问题的方式方法,积极举手发言。 *合作学习:(1—10分) 乐于帮助伙伴,团结协作力强。	根据每章作业完成质量进行打分,取各章平均分的40%。	1. 组长根据小组成员的参与情况,对每一位成员进行打分(0—10分) 2. 老师结合小组的交流汇报情况进行整体打分(0—10分)	根据考试成绩而定	过程*30% 考试*70% 合计总分 100分
备注:所有成绩按"优秀、良好、合格、不合格"四个等第表述。				

二、应对,厚积薄发

学生要应对地理学业考试,必须做好复习工作。我预计用三到四周的时间,分为三个环节组织学生进行考前复习。

环节一:在查阅检索中学会学习

这个环节预设1至2课时,充分遵照此次"开卷笔试""考试所携带资料不受限制"的考试要求。我先根据新版的《地理学科教学基本要求》的学习内容和学习要求,将六年级的《景观地图篇》《世界分国篇》《全球篇》,七年级的《祖国篇》《中国区域篇》的内容进行了资料收集与整理(如图2-6、图2-7所示),便于学生更便捷、更高效地查阅与检索,进一步提升查阅和检索信息的能力。

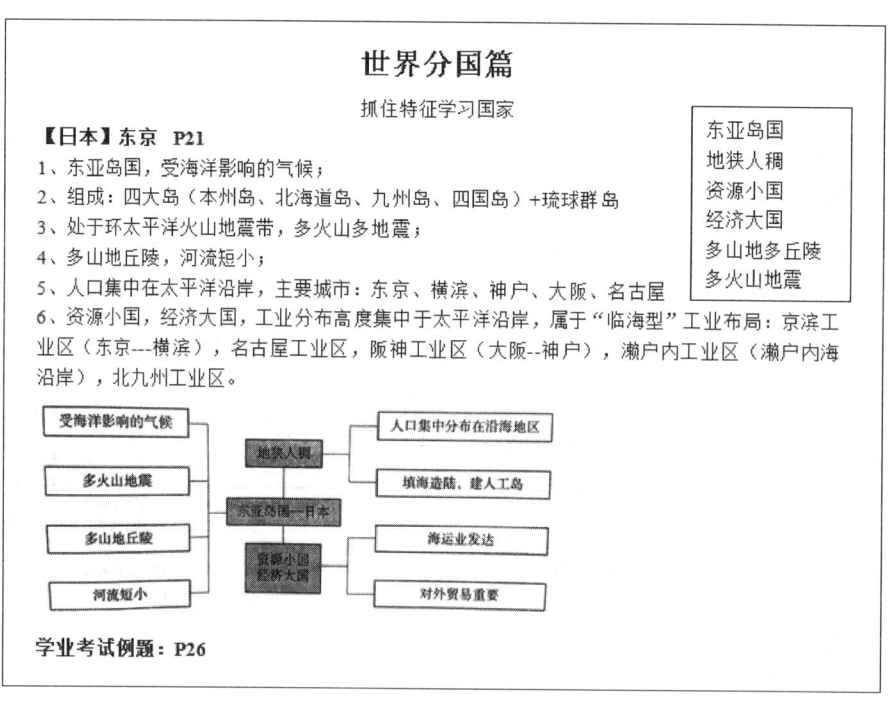

图2-6 《世界分国篇》之日本资料整理

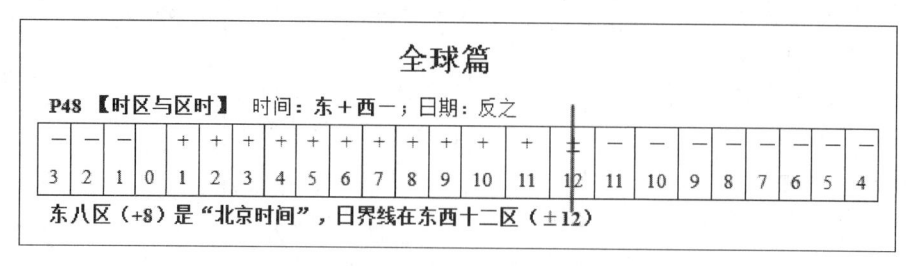

图2-7 《全球篇》之时区与区时资料整理

在"世界分国篇"中以"日本"为例：

1.【国家】首都《基本要求》上"学习关联"相关内容；2. 相关知识点或补充资料；3. 国家特征；4. 相关知识思维导图；5. 学业考试例题。

在"全球篇"中以"时区与区时"为例：

通过这个简易表格，学生能根据时间换算法则进行快速换算，再根据日界线判断日期是否需要改变。

环节二：在解读例题中融会贯通

这个环节预设2课时，主要是解读《地理学科教学基本要求》各"主题"中的例题。教师通过对例题的解析，使学生进一步理解地理知识，从而学会用地理思维解析题目，将"学"和"用"融会贯通。这些题目都是以往每年学业考试的试题，有一定的参考价值：主要引导学生如何从地理图表中获取有效地理信息；如何归纳地理区域特征和分析地域差异；如何利用相关资料去快速、高效地检索；以及提醒学生在解题过程中要注意一些细节等。在学习了一些例题之后，学生对于自己独立解题也有了一点自己的理解，此时再独立完成《地理学科教学基本要求》中的"试题示例"，活学活用。

环节三：在模拟实战中静待花开

这个环节预设4课时，主要通过2份模拟试卷的测试来调整学生的学习状态。我根据往年学业考试的试题，整理成"世界地理"和"中国地理"两份练习卷。在课堂上学生按规定时间完成练习卷。教师再根据学生的完成速度、完成质量等，观察每一个学生的学习特点和掌握程度，再适时地给予个别指导，逐一突破。

通过三个环节的复习与巩固，使每一个学生都能用各自的最佳状态去迎接地理学业考试，静待花开的声音……

三、反思，不断挑战

教育的本质就是培育人，然而在现实的情况下，我们的基础教育在一定程度上偏离了"育人"，而是在片面地"育分"，造成了严重的影响[3]。对于新中考背景下的地理学业考试，该如何应对，一直都是我在思考的问题。要实现地理课程的育人价值，除了在课程标准和教材等文本编制乃至在考试命题的导向上做出努力外，更重要的是教师应在实际教学中注重渗透。

在中国教育的大背景下，我们针对地理学业考试注重"育分"的同时，更应注重以地理学科本体知识为基础，通过地图能力的锻炼，养成人地协调观念，培育地理综合思维，渗透区域认知意识，提升地理实践力的核心素养的"育人"价值。地理学科的学科育人价值是其他学科不能替代的，无论是从学习内容的生动性还是学习方式的多样性来说，都应该成为学生喜欢的学科[3]。对此，我在不断地尝试与探索，不断地反思与总结。

参考文献

[1] 黄丽琼.初中地理学业考试复习策略初探[J].新课程.CNKI 文库.

[2] 刘建辉.浅析地理中考复习策略[J].考试周刊.2014(56).

[3] 陈胜庆.地理课程的核心素养与育人价值[J].地理教学,2019.

浅谈语文生活化教学

宋志颖

摘要:语文教学要拥有其魅力,不能离开生活这片沃土。语文来源于生活,其教学也应该回归于生活,在教学中我们要努力做到观察生活、再现生活、体验生活,重视语文的熏陶感染作用,不断提升学生的语文素养。

关键词:语文教学;生活化;教育

《语文课程标准》指出:"语文课程要加强综合性,沟通与其他学科的联系,沟通与生活的联系。"这就要求我们在语文教学中应充分植根于现实,将教育与生活紧密相连。语文不仅是一门实践性很强的课程,同时也是我们的母语教育课程,学习资源和实践机会在生活中无处不在,无时不有。因此,我们应该将教学活动更多地置于现实生活背景之中,实现语文生活化教学,从而让学生能更多地直接接触语文材料,在大量的语文实践中获得有活力的知识,掌握运用语文的规律,在生活中学习,在学习中更好地生活。

一、语文来源于生活

语文来源于生活。《语文》教材中的文章也大都是来源于生活,是作者对现实生活或者精神世界的一种感悟。如《背影》这篇散文记叙的是作者离开南京到北京大学,父亲送他到浦口火车站,照料他上车并替他买橘子的平凡小事。但朱自清通过深刻细腻地描绘父亲买橘子时在月台爬上攀下的背影,把其对儿子的关怀和爱护表达得淋漓尽致,真挚动人。父母对孩子的爱往往就是蕴含在生活中的一些小事中,通过引导孩子联系自身,是可以引起他们的共鸣的。

又如《一千张糖纸》中,写"我"暑假住在外婆家,经常和隔壁的世香闹在一起玩,在外婆家养病的表姑嫌"我们"吵,就向我们承诺只要每人各攒一千张糖纸便会给"我们"一只电动狗。可是当"我们"攒足了糖纸准备交给表姑时,才明白一切都是欺骗,感受到了深深的伤害。在导入新课时,我以自己小时候被父亲欺骗的经历拉近自己与学生、课本与学生的距离感。教材本身的内容是从孩子的视角和立场出发,这使学生学习起来没有陌生感,容易理解和接受文章的主旨。

在写作教学中,"语文来源于生活"这一点也表现得十分明显。当遇到"_____,我想对你说"等文题时,学生往往言之有物,更因选材源于生活,是真情实感的流露,其文思如泉涌,不用绞尽脑汁、冥思苦想就能落笔。又如"这样的人让我敬佩"这一文题,往常学生多选择父母、师长、环卫工人等作为对象去写,而在疫情期间,其选择的对象则大多为医生、志愿者等最美逆行者,这即是"语文来源于生活"的很好体现。

教师在进行语文教学时,不仅要求学生留心观察身边的生活,积累各种各样的素材,还要努力丰富自己的生活阅历,善于思考总结,多准备一些语文课堂教学的素材,创设真实的教学情境,为学生架起生活与文本的桥梁,提高其学习语文的热情。

二、语文教学应回归生活

"感觉我们好像不是在学习语文,而是在学习解剖,文章就像是一具尸体,被我们切割得支离破碎。"这是我在讲评一张练习卷时学生的一句吐槽,给我留下了极其深刻的印象。应试教育使得传统的语文教学更注重知识的传授、技能的训练,是在一板一眼地教《语文》课本,却很少站在学生生活的高度来审视教学活动,导致语文教学成了学生的一种负担。我深感这是我们语文教育教学的悲哀,并反思如何才能尽可能地避免这一情况的出现,让语文更加有趣。无疑,让语文教学应回归生活是我的答案。

在教学中,我们应该努力做到观察生活、再现生活、体验生活。

教材中的一些文章可能和学生现在的生活有一定的距离,如一些革命题材的文章,生活在和平年代的孩子很难真正切实感受到革命烈士的付出与伟大。只有深入了解旧中国的苦难,才能真正读懂革命先烈不惜用鲜血和生命去追求的民族独立、人民解放是多么刻骨铭心。

对此,我们可以组织学生多查阅有关资料,尤其是一些影视资料,更直观地将他们带入那个战火纷飞、生灵涂炭、山河破碎、满目疮痍的年代,感受那时中华民族所遭受的苦难、中国人民所遭遇的凌辱。古今对比,感受当下和平之不易,而这和平是无数革命英雄舍生取义换来的。这样不仅可以扩充学生的历史知识,还可以让学生学会珍惜当下,培养其责任感。

生活化教学是一种在生活背景下的情景化学习,而充分提供情节背景下的学习是最有效的,故教学时应多多借助情境创设,再现课文所描绘的生活画面,使学生如临其境,激起学习兴趣,引发情感共鸣,从而更好地理解课文内容。

如我在上《再塑生命的人》一课前,布置了一个小任务,让学生尝试蒙住眼睛活动十分钟,去初步体验海伦·凯勒的世界,从而更能感受到她对光明的渴望、求知的不易,以及莎莉文高超的教育艺术。又如讲授《皇帝的新装》时,我将课本变为课本剧,让学生在表演的过程中揣摩人物的形象、情感,通过将文字直接变成生活,可以加深其对课文的理解与感悟。

在写作教学中,我们更应该带领学生回归生活。在写作教学中,教师也应该引导学生关注生活,拥有一双发现美的眼睛与善于思考的大脑,鼓励其多多参与课外活动,走出课堂、走出校园,积极投身于社会实践,积累生活经验,关心时事,积累写作素材。如我曾以"春"为题要求学生作文,便带学生于校园中寻春,让他们静下心来感受春风拂面,看春雨润物……又在疫情期间,以"这样的人让我敬佩"为题,把学生的目光聚焦于时事,关注那些"最美逆行者"。这样在调动学生的生活经验,让他们去体验、去感悟后,学生往往言之有物。

三、生活中孕育着语文教学

正如陶行知先生所说:"教育可以说是书本的,与生活隔绝的,其力量极小。只有用生活去做教育对象,教育的力量才能伟大。"生活是知识的海洋,生活之中时时处处皆学问。因此,我们应当具备一双慧眼,寻找生活中与语文教学的结合点,让生活成为学生学习的教材。

如我刚接手预备班的时候,学生经常会就一些鸡毛蒜皮的小事来告状,令人不堪其扰。就此开展"如何与同学和谐相处"等主题班会活动的同时,我还想了一招,定下若非紧急情况,想要告状,须以书面形式将事情发生的前因后果都交代清楚,写好"状纸"上呈。这在很大程度上减少了孩子告状的频率,也让我有更多时间和精力去调解孩子们真正觉得不平或委屈的事情。且"状纸"在一定程度上锻炼了孩子的写作能力,也能帮我大概理清事件的全貌。又如一雨天,我在教室里看到一个孩子拿着长柄雨伞戳另一学生,两人嬉笑打闹,被我制止时,戳人的学生虽停下了手中动作,但我却知道,其心中定不以为然。在就此事进行一番安全教育后,该生似有所触动,我便将"这不是一件小事"为题作为作业布置给他。这便是生活中孕育着语文教学。

我们要引领学生走进生活,返璞归真,让学生有切身的生活体验,引发其真切的内心体验,获得与文本、与生活对话的能力,不断提升学生的语文素养。

一次寒假,学生选择了在上海自然博物馆进行社会实践活动。那是一个包括古生物学、地质学、天文学等多种自然科学的综合性博物馆,其中的展品千姿百态,栩栩如生。通过模拟自然场景,参观者可以与展品之间实现零距离的接触,从而感受自然界奇妙无穷的乐趣。开学后,正好学到阿西莫夫的两篇短文《恐龙无处不有》《压扁的沙子》,它们都谈到了恐龙的灭绝等相关知识,联系到寒假的社会实践活动,当课外学习的经历和课堂相结合时,学生的学习热情就被调动起来,他们在课堂上更愿意主动表现自己。让学生积极投身到社会这个广阔的天地之中,在社会生活中学语文,更有利于培养其科学探索精神与人文素养。

总之,生活中处处有语文,也处处用到语文,语文教学生活化,不仅可以改变传统教育所造成的"高分低能"的弊端,还优化了教学过程,使以创新精神与实践能力为核心的素质教育真正落到实处,实现语文教育工具性和人文性的统一,提高学生能力,促进学生的全面发展。语文教学只有扎根于生活这一片沃土之中,才能发芽、开花、结果,彰显其强大的生命力和无穷的魅力。

浅析初中地理教学中思维导图教学策略的构建与运用

高翊瑄

摘要:在"双减"政策和新课改的共同推动和改革下,"填鸭式"的教学模式已经与目前的教学要求严重不符,对初中地理教师也提出了新的要求和任务。笔者认为,科学合理地运用思维导图是增强地理课堂教学效果从而达成教学目标的有效手段。因此,本文以构建思维导图教学策略的重要意义为切入点,对运用思维导图教学策略能够"辅助教学设计达成教学目标""记录课堂笔记、提高学习兴趣""优化知识结构、突破重点难点""促进教学评价、重视绘制过程"四个方面进行了详细阐述。

关键词:思维导图;初中地理;教学

《初中地理课程标准》明确指出:学习对生活有用的地理,学习对终身发展有用的地理,这就要求学生和教师都不再只是单纯地应付考试而学习地理这门课程,而是培养学生的地理思维和地理实践的能力。为配合这一教学目标,绘制思维导图不失为一种有效的教学策略。这一教学策略打破了传统的教学模式,更容易让学生理解和接受,侧重点在于学生的思考思维的过程,不但能够调动学生学习地理的积极性与主动性,还可以有效增强学生的学习效果和各方面的能力。

一、思维导图概述

(一)思维导图的概念

思维导图也被称作脑图,这种图形是建立在放射性思维研究基础上所形成的一种独特的理论体系。思维导图模式可以理解为以神经为基点出发,调动身体各个器官进行认知、互动、学习的一种思维学习体系。具体来说,就是按照单元(章节)内容利用关键词、图形、线条等要素来绘制知识的网络结构图。关键词代表思维导图的主题或核心内容,连线表示各主题之间的关系。通过分层级的线条连接各知识点,搭建各个知识点间的内在关联,促进知识的整合,形成清晰的知识结构图。

（二）思维导图的特点

对于思维导图来说,最主要以图文相结合的方式呈现,图形、颜色的不同可以给学生们带来一种全新的视觉感受。思维导图主要是将重点进行图示,然后让学生们通过图示来发散自己的思维,提高他们的理解和记忆能力,并将一些较为零散的知识进行整合处理,建立逻辑联系;让学生一些不容易理解的知识点进行充分地吸收以及内化。另外,通过运用思维导图,在核心思路的带领下将所有问题进行解决,而解决的过程是层层递进的一个环节,让学生们能不由自主地跟上教师的思路和步伐。最后,思维导图还有发散性思维的特点,能从多种角度出发去思考问题,积极地调动学生们的大脑,尤其是更能激发学生们左右脑的配合度,提高他们的思维和想象能力。

二、构建思维导图教学策略的重要意义

（一）增强教师的教学效果

绘制思维导图作为一种教学策略,可以在很大程度上增强教师的教学效果。这是由于思维导图是一种新的教学方式和思考模式,教师可以在思维导图的框架下,有逻辑地设计课堂教学内容。而教学设计是顺利完成课堂教学的基础,也是完成教学的必备步骤,对于教学效果有着直接影响。因此,如果在教学设计过程中,顺利应用思维导图进行教学设计,能够奠定良好的教学基础。例如,在每节课的教学设计中,加上以思维导图方式呈现的教学流程图,将教学各环节、教师活动、学生活动、小任务及设计意图等有机串联起来,最终形成层层递进、环环相扣的教学效果。除此之外,思维导图的构建能够引导学生发散性思维,为学生提供更多的思考和发挥机会,从而增强教师的教学效果。

（二）增强学生的学习效果

在以往的地理课教学过程中,大多采用问答法的教学方式进行教学。学生一步步地跟着教师以教师的逻辑思维获取知识从而实现教学目标。这样的学习方式导致学生在学习过程中受到一定的约束,未能得到展现自己的思路、想法的机会,也会影响其进行地理学习的主动性。

思维导图是一种常见的教学辅助手段,我们能够在很多学科的学习中看到思维导图的应用。它让学生自行绘图并标注对本节课重点内容的概括,学生可以充分地展现自己对某些地理现象的见解,给予学生更多自主发挥的余地,再加上思维导图图文结合的特性,可以有效巩固记忆,从而增强学生的学习效果。

（三）培养学生的综合思维能力

有科学家指出,人们对图像的记忆效果高于对文字的记忆效果1 000倍左右,这也就意味着思维导图的学习方法符合人脑的记忆规律。学生在绘制思维导图的过程中,能够将原本零散的知识点整合到大的知识体系和逻辑框架中,把握知识中的主干,提高自己获取信息和整合

信息的能力，最终帮助学生理清楚知识点之间的逻辑性、关联性，培养学生的综合思维能力。

三、思维导图教学策略在地理教学中的应用

（一）辅助教学设计、实现教学目标

之所以思维导图可以辅助教学设计，首先是因为思维导图可以清晰系统地呈现教学目标，使教学目标更加细化。教师在进行教学设计时，将地理学科课程标准分解成每学期、每章节、每节课的学习目标。课程标准分解的程序是寻找关键词，然后扩展或剖析关键词，最后形成剖析图，这与思维导图的制作规则和制作过程基本一致。例如教师在六年级第一学期讲解"国家地理"这一章节时，创建了一张新的思维导图，在中央主题处填入"国家地理"；根据小章节的分类，以各大洲中主要的国家插入六个分支主题，分别填入相应内容；再将国家学习中的国旗国徽、地理位置、自然地理和人文地理等细项指标，插入子主题，填充具体的学习内容，"国家地理"的思维导图制作完成，细化、结构化的教学目标也即系统地呈现出来。

（二）记录课堂笔记、提高学习兴趣

课堂笔记在地理教学中有着十分重要的作用，它能够帮助学生及时记住教师课堂上所讲的知识点，同时在复习的时候也能够大幅度提高复习的效率。但目前课堂上，学生总是忙于抄板书、抄教材，失去了听讲和思考的时间。因此，学生们在进行课堂笔记的时候如果运用思维导图，能够有效地避免学生学习的知识混乱导致记忆混乱，特别是对于一些关键点、易混点，用特殊的图形进行标记，并将各个知识点之间的联系性用不同的线段进行连接，使其形成一个比较清晰的知识网络。这不仅可以帮助学生记忆、分析所获信息，而且会起一种跳板的作用，借以产生创造性思维。同时，学生在通过自主绘制思维导图的过程中，体验地理学习过程的主动性，培养学生探究地理原理的地理素养，还加强了学生的作图能力，即地理实践能力。这样高质量的地理学习笔记能够提高学生的学习效率，同时也能够增强学生们对于地理的学习兴趣。

（三）优化知识结构、突破重点难点

任何一门学科都有内在的联系，运用思维导图这种教学策略能够有效地整合零散知识，整理、归纳，把诸多知识点联系起来，建立一个完整的认知地图，促进学生有意义地学习。在此基础上，教师可以在课堂中灵活地运用思维导图进行教学。教师在运用思维导图强调教学中的重难点时，针对重难点的外延知识进行拓展，或者针对与重难点的相关知识进行关联，有助于学生更深层次的理解教学过程中的重难点。同时，教师还可以通过指导学生自行绘制思维导图，将要学习的知识点及其逻辑关系联系起来，有助于学生把握知识规律，从而突破教学过程中的重点难点。学生在设计思维导图时，提炼其中的关键词，将重点难点用不同的颜色的笔标记出来或单独罗列出来，课后进行复习时，对于哪些是重点，哪些问题不理解、哪些知识需要进一步探究等也能一目了然。

以沪教版七年级第一学期《中国地理》中"青藏高原"一课为例,传统的教学方式采用师生一问一答的形式,将青藏高原海拔高的特点及产生的影响,按照教师提问的顺序,填鸭式地"塞进"学生的记忆中。如果采用构建思维导图的教学策略,教师可以将海拔高、氧气稀薄、生产生活各方面的影响一同打乱,首先请学生逐一判断分支主题和子主题的关系,然后,将青藏高原海拔高的分支主题与年平均气温低、光照和紫外线强烈、冰川广布、河湖众多、大江大河的发源地等子主题串联起来,建构起一个完整的青藏高原知识网络。

(四)注重绘制过程、促进教学评价

教师在观察学生绘制思维导图的过程中,能清晰地发现并评价学生对于所学知识是否紧密联系主题,结构是否清晰地体现了各知识点间的关系,图像、色彩、符号、箭头的使用是否合适,层级是否科学,整体布局是否合理等。这样的教学评价具有两方面的作用:一方面,能够让学生发现自己在绘制思维导图时存在的不足之处。当学生在绘制一节课或一章节的思维导图的过程中,遇到困难或阻碍时,就会清楚地认识到自己对哪些知识点的掌握不够熟练,以此有针对性地弥补自己的不足,从而去解决问题。通过与教师或其他同学所绘制的思维导图进行比较,评价反思自己作品中存在的不足,从而逐步巩固、完善,最终提高学习成绩。另一方面,能够让教师及时反思自己在教学中存在的问题,并将其内化为自己的教学经验,促进教学水平的提高。由此来看,教学评价是一种利用思维导图提高地理教学水平的重要方式和手段。

综上所述,通过思维导图这种教学策略开展初中地理教学,学生将不再枯燥、被动地背诵地理知识,而是积极主动地对地理知识进行加工、分析、整理和探究,从根本上提高课堂教学效率和水平,以此促进学生综合能力与地理素养的有效提升与发展。

参考文献

[1] 闫守轩.思维导图:优化课堂教学的新路径[J].教育科学,2016,32(03).
[2] 郑艺.引入思维导图 增效高中地理教学[J].名师在线,2021,(03).

浅析核心力量训练对提高少年连环拳动作效果的作用

钱 涛

摘要：随着新中考改革的进行，中考武术项目演练套路少年连环拳得到越来越多的关注。少年连环拳套路中技术动作的表现，核心力量的稳定性起到相当重要的作用。本研究通过文献资料法、逻辑分析法等多方面验证核心力量训练引入少年连环拳的练习实践中的作用效果。

关键词：核心力量；少年连环拳；稳定性

一、前言

日前，《关于全面加强和改进新时代学校体育工作的意见》和《关于全面加强和改进新时代学校美育工作的意见》相继出台，在不断深化教学改革、推广中华传统体育项目方面提到，要认真梳理武术、摔跤、棋类、射艺、龙舟、毽球、五禽操、舞龙舞狮等中华传统体育项目，因地制宜开展传统体育教学、训练、竞赛活动，并融入学校体育教学、训练、竞赛机制，形成中华传统体育项目竞赛体系。滋养阳光健康、拼搏向上的校园体育文化，培养学生的爱国主义、集体主义、社会主义精神，增强文化自信，促进学生知行合一、刚健有为、自强不息的意志品质。

而少年连环拳作为初中武术7年级教材中的重要内容，同时是中考武术考试项目，并受到广泛的关注，对武术项目在学生群体中的推广和建立具有重要的意义。在此情形下如何打好少年连环拳，如何让学生们从中充分了解武术的魅力，增强身体素质，是我们现在迫切需要解决的问题。

二、核心力量界定

1. 什么是核心力量训练

核心力量训练指的是一种力量训练的形式。所谓"核心"是人体的中间环节，就是肩关节以下、髋关节以上包括骨盆在内的区域，是由腰、骨盆、髋关节形成的一个整体，包含29块肌肉。核心肌肉群担负着稳定重心、传导力量等作用，是整体发力的主要环节，对上下肢的活动、用力起着承上启下的枢纽作用。强有力的核心肌肉群,对运动中的身体姿势、运动技能和专项技术动作起着稳定和支持作用。

  2. 核心力量训练与传统力量训练的区别和联系

  力量素质是身体素质的重要组成部分,是人的机体或机体某一部分肌肉工作时克服内外阻力的能力。力量素质的强弱对于大部分体育运动的运动表现都起到非常重要的作用,所以在以往的体育课堂上传统力量训练占据着非常重要的地位。

  核心力量作为力量素质的重要组成部分,同时在运动过程中对身体的稳定性、运动技能动作的完成度起到至关重要的作用。在以体操、武术等需要严格身体控制能力的运动中,核心力量的作用越发得到重视。

  然而,这并不能说明光练核心区肌肉力量就可以了,传统力量训练是不能被它完全替代的。只不过核心力量与一般力量和专项力量在技能训练中所起的作用不同而已。与传统力量相比,核心力量训练更加追求的是力量的传递作用,努力实现核心区域支点枢纽的功能,这也弥补了传统力量训练中小肌肉群得不到训练的不足。

  综上所述,在不放松传统力量素质提高的前提下,重视并加强核心力量素质对于提高技术动作稳定性和连贯性有着非常巨大的帮助。

三、核心力量训练对提升少年连环拳动作稳定性的作用

  初中学生正处于生长发育的关键时期,不同年级身体素质差异性较大,而武术运动作为技能主导类表现性项群项目,动作讲究形神兼备,注重内外兼修。在运动过程中身体重心或上或下或左或右不停变换,对学生的身体控制能力要求较高。初中学生正处于生长发育期,肌肉发育尚不完善,肌纤维细、水分多且收缩能力差。基于这些生理学结构的特征且核心肌肉项群在平时日常生活中较少得到锻炼,学生核心力量素质普遍较弱。

  因此,加强核心力量训练对弥补青少年核心区域力量薄弱、提高身体控制能力、实现动作稳定具有重要的意义。

  (一) 核心力量训练能够帮助稳定少年连环拳动作

  从动作形式上看,少年连环拳是一项涉及全身关节和肌肉运动的全身性运动。在动作与动作之间的衔接中涉及多个身体重心的变化,对身体协调能力稳定性提出一定的要求。如少年连环拳(一)中弓步冲拳、接冲拳弹踢、再接马步冲拳的一套连续动作中,弓步冲拳中脚步动作为弓步重心偏下且靠近左脚弓步的位置。而下一个冲拳弹踢动作中左脚直立支撑,重心上提。最后接马步冲拳右脚下落成马步,重心下沉且身体面向起始面的后侧。

  那么从这三个连贯动作中我们可以看到身体重心从下至上再向下,身体面对的方向也发生了改变。那么如何将这三个动作串联在一起,并且和谐优美呢?这时候就需要核心肌肉群的稳定作用,它可以为四肢肌肉创造支点,更好地发挥其肌肉收缩的作用,配合关节舒展重心

的起伏，形成稳定优美且具有观赏性的少年连环拳武术套路动作。

（二）核心力量对上下肢动作协调的作用

传统的武术套路一直强调"腰"的作用，就像李小龙先生在练习武术套路时一直说的"腰马合一"就是同样的道理。那么腰作为连接上下肢的桥梁，即使是简单的弓步冲拳也蕴含着腰部力量的应用。弓步冲拳从弓步后脚蹬地开始，通过拧腰转胯的方式将腿部的力量一路向上传导至拳面。而这种传统意义上的腰部力量放在如今其实就是核心力量的另一种称呼，通过核心力量的传导将分割开的上下肢动作融合成一个动作，成为一个整体，从单纯的腿部发力或者手臂力量变为全身一起发力，可以极大地完善动作的完整性和实用性。

（三）核心力量训练可以有效提高动作稳定性

核心力量具有稳定脊柱骨盆、保持正确的身体姿势的作用。而核心区域稳定性的提高，能够更加有益于人体大脑对肢体的控制能力。就少年连环拳中的套路动作而言，大部分动作都可以将上下肢动作分开练习，如冲拳弹踢动作，上肢动作为冲拳动作，下肢动作为弹踢动作，两个动作单独进行都不难，但整合在一起成为一个动作时，学生则较容易出现身体摇晃、动作不到位的情况。而造成这种情况的原因就是学生的核心力量偏弱，导致动作过程中整个人体松散，不是动作幅度不到位，就是动作美观度不足，肢体僵硬分割，没有形成一个整体。

四、结论与建议

核心力量能够控制人体在运动中身体的动作快慢以及动作稳定，以提高人体的平衡能力和运动肌肉感知觉。核心力量在少年连环拳武术套路中有着重要的作用，核心力量是青少年体能训练的重要内容，是提高学生体能和动作发挥的重要前提。所以核心力量训练是青少年体能训练不可缺少的因素。

核心力量训练的方法有很多，但主要依据这样几个特点来设计训练动作和方式。第一要结合具体动作的运动形式与力量链接模式有针对性、有目的地来发展核心力量水平。第二要在不稳定支撑的情况下进行相关力量训练。

那么结合初中学生身体发育状况以及少年连环拳动作特点，我设计了如下几种训练方式。

1. 站立提膝

站立，双手平举，与肩同宽，尽可能地提高左膝，在最高点保持约3秒钟，然后缓慢放下，换右腿，动作相同，提起时呼气，落下时吸气。

2. 侧卧剪刀腿

左侧卧，左手支头，右手支撑，尽可能高地抬右腿，身体保持在一个立面上，最高点保持3秒，回落，做到力竭，然后换右侧，动作相同。

3. 侧卧提臀

右侧卧，右肘支地，左手叉腰，躯干与腿在一个平面，左腿叠加在右腿上，提高髋部，保持身体平直,然后缓慢落下,单侧做十次,然后换另外一侧。

4. 仰卧提腿

仰卧,手放到臀部下方,头稍微离地,(这样可以锻炼颈部肌肉),腿笔直,脚踝伸直,脚跟离地约15 cm,膝盖不要弯曲,缓慢将腿提高,与地面约45度,保持3秒后,将腿放下。

5. 仰卧单车

仰卧,双手抱头,一腿完全屈伸,离地面约10～15 cm,另一腿膝盖屈伸至胸前,尝试去够异侧的肘部,然后,开始仰卧单车的动作,收腿,伸直另一腿,去够异侧的肘部。注意要确保伸展腿在完整伸直后再回收,确保动作缓慢,以达到最大的锻炼效果。

6. 陆地游泳

俯卧,双手朝前自然平伸,尽可能地抬高右腿和左臂,顶点处保持3秒,缓慢放下,然后相同姿势,抬左腿和右臂。要点是整个过程中保持躯干贴着地面,头微微抬起,平衡整个身体。

参考文献

[1] 张统府.武术专项身体素质训练对降低小学生运动损伤风险的探究[D].北京:北京体育大学,2017.

[2] 郑楠,王美娟.武术套路核心力量训练方法研究[J].山东体育学院学报,2010(01).

[3] 袁鑫池.核心力量训练对青少年武术套路运动员身体稳定性作用的研究[D].武汉:武汉体育学院,2013.

[4] 毛丹丹.核心力量训练对少年儿童竞技武术套路运动员平衡能力影响的实验研究[D].福州:福建师范大学,2011.

[5] 刘文龙.竞技武术套路运动员核心力量训练方法的实验研究[D].石家庄:河北师范大学,2013.

新时代数学教育的高效课堂

严 沁

2021年必将是中国义务教育史上不平凡的一年，一系列的双减政策的颁布，不仅改变了大多数还在迷茫前进的学生和家长，也一定会改变教师们的教学习惯。本文笔者就来谈谈过去十几年逐渐疯狂的补课机构和补课的超前学习现象对教育的影响，以及之后自己将如何设计改进数学课堂。

一、重回正确教育目的的轨道

双减的一系列政策颁布后，给了k12学科教培行业一颗重磅炸弹，甚至对学生和家长也是一颗重磅炸弹，一些学生家长还会焦急地守在之前还门庭若市的培训机构门口问之后是否还有课能上，一个不能补课的政策让学生和家长都失去了学习的方向。

那么为什么要"双减"呢？上海市教委发言人是这么说的：当部分学生去培训的时候，可以提高他们的分数，但是当所有的学生都去培训的时候，可能只会提高分数线。从这个意义上讲，剧场效应造就的结果只能是学生牺牲全面发展的时间去反复操练，操练反复；反复培训，培训反复。它不仅伤害了学生，影响了学生全面成长，影响了学生的身心健康，同时会给家庭带来不必要的经济负担。上海市初中数学教学的课程标准明确指出：初中数学教育的目标是发展学生提出问题、分析问题、解决问题的能力，总结来说就是独立思考的能力。如果学生的时间全部被校内和校外的学科培训或者是应试操练占据，学生们的睡眠时间都是犹如海绵挤水一般珍贵，那么我们如何指望学生发展独立思考的能力呢？美国作家安德里亚·戴宾克在《我会独立思考》中提到，独立思考是一项技术，需要学习和练习，如果想要培养批判性的思维方式，那么就要做好提出问题、收集证据、评估证据、产生好奇、得出结论、讨论其他观点、自我成长这七步。养成独立思考的习惯，对学生的各学科的学习都有着深远的影响，这就是为什么要"双减"。

那么"双减"是指什么呢？笔者认为，一减是减少校内作业，即重复性高，缺乏思维性的无效作业。那有的人会问，作业少了，成绩怎么上得去？尤其是对数学这样的理学科来说，普遍认为是要多刷题才能提高成绩，笔者作为数学老师，也经常能听到周围有声音说数学只要多做就能学得好。真的是这样吗？真的是量变就能引起质变吗？可能在某些事情上这句话是确实可行的，但在数学学习上却不是上上策。比如说，在初中《数学》课本中，有方程、不等式、多项式的运算这一些涉及数学运算的章节，要提高学生在这方面的能力，是不是只要让学生每章节操练一百道就可以达到教学目的了，如果一百道不行那就两百道？确实，数学运算是数学核心素养的一个重要部分，NASA数学家Katherine Johnson是美国登月计划的大工程师，她算出了精确的轨迹，使得阿波罗在1969年降落在月球上，让阿姆斯特朗创造了有历史意义的月球漫步之后，又让他安全地回到了地球。这背后是这位传奇的女数学家，靠着我们现在看来原始的不能更原始的工具：铅笔、尺和纸。这让我们体会到了运算能力的重要性。但是随着时代科技的发展，我们已经拥有了超级计算机，对于数学运算能力的发展和提升问题，要让学生在手算和计算器之间找到一个平衡点，在初中数学课程总目标中写道：掌握有利于终身学习的数学基本知识和基本技能，初步形成数学中的听、说、写的交流技能，并会使用计算器进行计算和数据处理。从这个意义上讲，教学中可以不用过度重复操练运算，但也要适当发展学生的运算能力。笔者认为，在教学中应当强调的是"算技"，这里的"技"就是技巧，就是让学生学会优化算法，也是发展学生思维的重要途径。所以在减少校内无效作业的同时，那就得布置能够锻炼学生思维能力的有效作业，这也就对优化现有的教学制度的改革有了更高的要求，其中包括课程设置的全面性、教师的专业性等等，且刻不容缓。

二减是减少校外学科培训。笔者认为，其实绝大多数的学科培训无非分为两种：一是超前学习——给学生家长一种错觉——比学校里的内容更有"难度"，这样的有"难度"让家长深信，自己的孩子可以在学习这条赛道上比别人更有竞争力。但教育从业者都知道，其实就是披了一件"超前学习"的外壳而已，这样的吃快餐般的学习，学生还没吃透学习过程中所包含的数学思想就已经翻篇了，长此以往，漂亮的外壳下也还是一片空白。二是给学习困难的学生查缺补漏，这就如上海市教委说的，其培训内容是反复操练、反复培训、机械训练。可那些学习困难的学生往往有着自己特有的学习问题，可能是学习习惯问题、心理问题、亲子问题、自身智力问题等等。这些需要家长、学生和教师一起通过观察然后形成对问题的一个共同认识，再进行因材施教。这是一个较复杂的工程，不是同学们日复一日地刷题就能够解决的。所以减少校外学科培训，一方面是为了减轻家长因为焦虑而病急乱投医所产生的经济负担，消除学区房乱象，另一方面是让教育主体回到校园，渗透教育本质。

二、新时代中学数学教育的重心

笔者前不久在一篇访谈文章中看到了苏步青数学教育奖获得者卜以楼老师的生长数学教学主张，以及他对新时代数学教育的重心具有的前瞻性看法。

卜老师认为，新时代数学教育的重心应将"从有到有"教学向"从无到有"教学转变。"从无到有"，是人工智能目前也无能为力的，这是人区别于机器的价值所在，应该成为数学教育的重点,要从系统性思维、整体性思维、结构性思维、策略性思维重新构建学生们的学习方式,让学生通过传统的教师组织下的先学知识点再试一试、算一算,同时也让学生会使用新工具、新资源来助力数学学习。

说到学习资源,不得不提到疫情下的产物——空中课堂,它是新时代教育的一大亮点,给新时代的数学教育提供了一些新思路。2021年9月10日,为贯彻"双减"要求,加快推进教育数字化转型,空中课堂推出了升级版。"名师面对面"的推出,是上海充分发挥全市优质教育资源辐射作用,促进全市义务教育优质均衡的重要举措。笔者认为,空中课堂是学习的新工具、好资源,它对于学生的作用体现在:首先,有预习的作用,对于预习作业,如果学生只是打开课本,就着书本内容中的思考引入——定义概念给出——例题示范这一顺序阅读,可能在第二天到校后也只能记得个大概,但是有了空中课堂,学生就可以随时地、反复地观看优秀教师对这节课的讲解,这样在学生到校内课堂之前,心中已经有了大致的了解,甚至对知识点有一些困惑,待教师为其答疑解惑。其次,对一些消化新内容效率不高的同学来说,还有复习作用,可精确地选择需要反复理解的片段,以达到消化知识点的目的。空中课堂对于教师来说,是一个很好的借鉴学习的资源,可以开发,整合再利用。当年轻教师拿到课本,不知道从何讲起的时候,学校可以组织校内的教研活动,一起观摩空中课堂,并交流对这节课设计的看法,自己是否还可以根据自己学生的学情,添入一些更好的环节来充实课堂。教师的课堂就在这一次次的改进中得以精进,教师的专业水平也在一次次的研讨中得以提高。

总而言之,在新时代的数学教育中,无论是教师还是学生,都要勇敢面对改革,笔者认为这也是新时代的数学教育的重心。教学工作者要本着能够培养学生数学思维的目的,修改教学设计,精进自己的表达方式,完善校本课程。学生要配合学校的教育方针,培养自己良好的学习习惯,养成独立思考的能力,力求德智体美劳全面发展。

三、高效数学课堂的教学设计建议

笔者将以沪教版六年级上学期《1.5 公因数与最大公因数》(以下简称"1.5")和《1.6 公倍数与最小公倍数》(以下简称"1.6")为例,从课前、课上和课后三个方面来说一说使数学课堂更高效的策略建议。

(一)在课前对学生做好预习的指引

教师在课前先布置预习作业,可通过空中课堂,也可只通过课本预习。学生需要整理的有以下几点,要求记录在笔记本上。第一,六年级第一章《数的整除》的最后两节内容,和前四节有怎样的联系?在学习1.5和1.6的内容时是不是需要把前四节的内容好好复习消化?第二,求解两个数的最大公因数,书上列举了哪几种方法?你觉得哪种最好?两数的公因数和它们的最大公因数有什么关系?第三,1.6的学习和1.5有什么相同之处?有什么不同之处?

当学生完成预习,带着可能完成也可能未完成的预习作业,也就是带着问题来到课堂上,通过教师和同学们的进一步学习讨论来解决,当然也完全有可能有学生来解决这些带回课堂上的问题,这样也更能调动学生的积极性,体现学生的主体性。

(二) 在课堂上更有效地提问

在数学课堂上,最害怕的是教师提问后没有学生回答,若教师不及时想应对策略、调整提问方式,久而久之,这样的课堂就会是这位教师的独角戏,师生没有互动,教师不知道学生是否掌握,学生也得过且过,那么这样的课堂肯定是没有效率的。

学生不回答问题的原因有很多,可能是确实不知道答案,可能是害怕自己回答错了,也可能是看到其他同学也不回答自己就不想做这个出头鸟,等等。所以为了避免此类问题的出现,除了要组织好问题的层次,也要尽量少问答案单一、直接的问题,最好是多用一些能让学生分享想法的问题,让学生敢于"说"。多"说"、喜欢"说"是高效课堂的第一步,因此必须增强学生与教师之间的对话性!

例如,在1.5和1.6的课堂内容中都安排了这样一道观察题:

(1) 3和5的最大公因数(最小公倍数)是_____;

(2) 18和36的最大公因数(最小公倍数)是_____;

(3) 8和9的最大公因数(最小公倍数)是_____;

(4) 8和15的最大公因数(最小公倍数)是_____。

当学生们答完这四道题时,教师就要试着总结归纳。现有以下两种提问方式:(1)这四道题告诉我们什么规律呢? (2)请同学们观察每道题中两个数的关系,在特定的关系下如何求解两数的最大公因数? 在课堂中实践之后,马上可以发现,第一种问法引导性不强,让学生毫无头绪,他们并不知道教师想要的是什么规律,而第二种是教师略带引导的提问,学生马上就会将这里的"3和5、8和9、8和15"联想到之前所学的两数互素,将"18和36"联想到因数和倍数的知识点,这样就能很顺利地、很自信地说出他们观察到的规律。教师再予以表扬,为日后课堂上学生们能更愿意地分享他们的答案奠定情感基础。

(三) 课后知识整理作业

笔者认为,除了练习之外,课后的整理是学生学习环节中非常重要的一环,甚至可以看作最重要的一环。常言道温故而知新,在自己学习后的独立整理,做成结构框架图,可形成学生自己的认知体系,为后续的学习打下坚实的基础。

对于课后知识整理作业,教师会要求学生在周末把这一周所学知识进行整理归纳,在笔者的学生作业中,惊喜地发现学生的复习整理作业做得是越来越有自己的特色,在能整理出基本的知识结构框架的同时,还能标注一些易错点,甚至也有错题集。也有同学把课上的观察题的结论,在作业上用表格的形式(见表2-3)表达了出来,更直观,更容易理解记忆。

表2-3

	求两数的最大公因数	求两数的最小公倍数
两数是因数倍数关系	两数中的那个因数	两数中的那个倍数
两数互素	1	两数乘积

最后笔者想说,新时代数学教育要想在世界上走在科技领域的前列,发展数学能力、培养逻辑思维是重中之重。我们必须增强责任感、使命感教好数学,让千千万万的学子为祖国科技发展之路贡献力量!

润德课堂　寓德于教
——浅议数学教学的育德功能

周二建

陶行知先生说:"千教万教教人求真,千学万学学做真人。"教育的真正内涵是养成学生的健全的个性或人格。也就是说,学生除了学习相应的知识技能,还要具有爱国主义精神,能遵守国家法律和社会公德,初步形成正确的世界观、人生观、价值观,并且具有一定的社会责任感。

每位教师都是德育工作者,但难免还有部分教师会认为,育德是德育部门以及班主任的工作,与教学关系不大,以为德育与要求思维严谨的数学教学关系更远。这种观点当然很片面。数学学科《课程标准》中对学科育德有明确要求,教学目标中所谓"情感态度价值观",就是数学学科育德的着眼点,是数学育德功能的主要体现和努力方向。数学学科的特点决定了本门学科育德侧重于培养学生逻辑推理、实践反思、数学审美的能力。用数学解决问题的思维过程也处处有着独特的严密性,学生通过发现问题、提出问题、解决问题,逐步养成严密的逻辑推理、论证能力,这些都是数学育德功能的体现。

数学作为德育的隐性学科,在教学中要渗透德育是需要每位数学教师认真思考的一个课题。如何能在数学教学中更好地渗透德育,做好育德工作,结合我校开展的"绿色课堂润心润德"主题教学研究活动和自己的日常教学,我对如何在数学教学中渗透德育,对数学教学的育德功能也进行了一些浅层思考、探索与实践。

一、数学育德的内涵

无论是所谓德育的显性学科,还是和数学类似的隐性学科,本身各自都略有不同的德育价值取向,各学科的课堂教学过程也伴随着学生的德育发展过程。数学教师应该依据学科自身特点,紧密结合课程内容,充分利用数学学科中的德育素材,潜移默化地在学科教学中实施德育,使德育与学科内容、与学生的成长需要有机结合,在学科教学中引导学生形成积极的情感、态度和价值观。在数学学科渗透德育,主要通过习题演算、讨论交流、合作探究等进行,侧重于逻辑推理、实践反思、数学审美与道德品质的统一。《数学》教材中的定义、公式、符号、定理简洁明了,也是培养学生流畅思维的重要资源,合理利用教学资源能逐渐培养学生从具体事物中找寻本质的能力,慢慢形成删繁就简、综合分析的意识与习惯。

二、数学教学中渗透德育的现状

(一) 教材中有丰富的德育资源

我校使用的上教版的《初中数学》新教材(包括拓展读物)中有很多和德育有关的知识。这些知识的编排与设计旨在将数学的美丽和神奇呈现出来,又能贴近学生日常生活,使学生产生亲近数学的情感。《数学》教材中,有荒漠化的知识和分时电价、依法纳税、阶梯水价的内容,也有恩格尔系数的相关例题等。这些都能让学生逐步认识到当前人类面临的资源危机和环境危机,促使每一个人能从自己身边事慢慢做起,节约资源,抑或逐步养成关心身边大小事的习惯。可以注意到,在实际教学中,拥有培养学生德育意识的教师也是越来越多,这些教师在数学教学中已经充分认识到教材的设计意图,也能很好地结合教学资源渗透德育。

(二) 数学的发展历史本身也是渗透德育的好材料

对于数学学科本身来说,其发展历程、结构体系的建立、知识形成的过程和辩证法有着不可分割的联系,它不仅反映客观世界的空间形式与数量变化规律,也是人类理性思维的体现。学习数学,既可以扩大知识面,也可以促进良好人生观、价值观的形成。数学学科具有极强的严谨性、逻辑性,能很好地体现理性精神,这种精神是发现问题、解决问题过程中必须具备的。通过阅读数学发展史,特别是其中关于数学知识和数学家的介绍也可引导学生发现:人类文明前进的每一步都倾注了古今中外科学家包括数学家的努力与汗水。

(三) 素质教育对于德育的要求

当前,素质教育已经全面推行,但因为升学率导向,所以数学教师必然还是在日常以提升成绩为主要目的展开教学,在数学教学中渗透德育容易被淡化甚至直接忽略。而学生方面存在的问题也不可小觑:他们在家普遍养尊处优,在形成正确的道德观念方面尚有欠缺。因此,在数学教学中渗透德育,更是为国家培养各类合格人才的需要。

三、数学学科育德的常用方法

(一) 显性内容重点讲

初中数学虽是一般意义上的隐性德育课程,但其中也有很多显性德育材料。我校的本次主题教学研究活动有《圆的周长》一课,教学设计中有测量、猜想、运算等环节,既可以训练学生动手实践的能力、提炼总结归纳的能力,还可以培养学生规范解题、耐心仔细的品质,当然还有圆周率知识的介绍、中国古代数学家的故事这些显性素材,都是很好的民族精神的学习资料。

(二) 隐性内容慢慢讲

比如,在二元一次方程组一课中,课本中用买康乃馨为妈妈庆祝生日为引例。在这一课,我讲到这个很普通的例题时,特意慢了一拍说:你们每个人都让父母牵挂,妈妈过生日都别忘送支花给妈妈,尤其是你自己过生日,也别只顾呼朋引伴自己高兴,更要想到先给妈妈送支花,因为你应该记得某年某月某日你出生时妈妈多辛苦。做个有心人,会发现有很多可以利用一下的小素材,既能丰富课堂教学形式,也能点滴渗透德育。

(三) 注重日常练习中习惯的培养

数学的科学性和严密性要求学生学习数学要一丝不苟。在基础知识和基本技能教学过程中,教师应侧重培养学生的良好习惯。而培养良好习惯主要是通过合适的反复训练来实现的。通过规范训练,学生能逐步形成对待学习、工作认真负责的态度,独立思考、勇于克服困难的精神,以及能正视错误、主动改正错误的优良品质。对学生学习习惯的训练要有严格的要求,正确、积极地引导,从点滴抓起,既循序渐进,又一以贯之。比如,在进行计算能力训练时,教师先要求学生认真审题,边审边思考;在计算时要求经常"回头看",自觉进行检查,做错及时纠正,自觉分析错误原因,防止重蹈覆辙,尽快养成认真计算的良好习惯。同时,教师要求学生对题目中的数字、运算符号等必须书写清楚、工整、规范,圈好条件中的某些关键词,如线段 AB 还是射线 AB 或是直线 AB、求比还是比值等等;做完作业后要养成自觉检查的习惯,培养独立思考和主动克服困难的精神。

四、数学学科育德反思

(一) 言传不如身教

在德育从德育学科向全学科教学推进的过程中,学校对学科教师不仅仅在育德能力上有了新的要求,在教师的行为和价值观上,也提出了更高的要求。知识层面的德育、个别情景化的德育仅仅能影响学生一时,要想长期给学生创造一种德育氛围,教师的自身道德行为践行和价值观境界非常重要。没有好的"身教","言传"也就不容易真正地去感染学生。

(二) 课前预设与偶发生成同样重要

在课程教学中育德,如果没有一定的预设,育德就会陷入无准备、无序的状态。好的预设,是通过对学生实际情况的了解、对学科知识的德育素材进行充分挖掘后的设计,能很好地完成教学目标中的要求;反之对教师而言,如果只注重预设而忽视生成,课堂就容易僵化,失去活力。德育生成可能来自课堂中一些偶然因素,如学生学习行为不当、个别言语不妥等,这些偶然因素需要教师及时发现、主动引导才有可能创生出育德的情境,若能机智地融入最近所学数学概念或内容,就可以在学生会心一笑抑或若有所思中达到育德的目的。在数学教学过程中,有不少这样突如其来的生成资源。

(三) 在数学教学中进行德育渗透时要注意把握好"度"

育德固然重要,但在数学学科教学中也不应太刻意附加一些道德教育的标记,否则容易适得其反，也不利于数学知识的学习。"春风化雨""润物无声"是育人、育德的最佳状态，教师要注意渗透的自然性，考虑渗透的可行性，注重渗透的反复性。因此，既要注重一些外在形式显性的德育，对一些隐性德育也要引起足够的重视，如自身言行、师生关系等对学生的影响。在数学教学过程中，教师应结合学生的实际思想情况和知识的接受情况来进行灵活渗透，力求达到德育和智育的双重教育教学目的。

因此，在数学教学中渗透思想品德教育，教师要充分发挥数学的学科特点，利用好《数学》教材中和教学过程中的各种德育素材，对各类资源进行适当挖掘，找准切入点，合理渗透德育内容，做到思想性和科学性的和谐统一，促进学生个性心理品质健康发展，使数学知识教学与思想品德教育有机结合。

数学创新素养培育(文献综述)

马璐瑶

一、前言

我国的教育体制在改革中不断地完善,新形势下已经对传统教育产生了转变。素质教育的培养方向是着重于学生的创新性思维,但是受传统教育的影响,我国初中数学课堂还是存在一定的弊端,比如:大部分初中数学教师的教学模式十分单一,灌输式的教学使学生的学习很被动,久而久之他们就会失去学习的兴趣,甚至产生厌学的情绪。其次是受应试教育的影响,大部分数学教师过于注重考试技巧和考试知识的讲解,而且家长和教师也把学生的成绩作为衡量他们学习效率的唯一标准,这在很大程度上增加了学生的学习压力,从而使教学效率有所降低。因此,初中数学教师应当根据学生的实际需求来改革课堂教学,并致力于培养他们的创造性思维,从而促进学生的全面发展。

好在,随着素质教育的不断深入,越来越多的专家学者意识到了这一问题,并且在课堂内外展开了众多的研究和探索,以求更多地提高学生的创造性思维水平。

二、主题

(一)建立和谐的师生关系

唐转霞老师认为,建立和谐的师生关系是学生主动学习和提高学习积极性的重要途径。[1]传统教学中教师单一的授课模式很少和学生进行互动,课堂上也很少开展教学活动,这就导致学生和教师之间的关系逐渐疏远,甚至出现了一部分学生产生惧怕教师的心理,导致教学效果并不理想。初中数学教师在实际教学中应当从学生的角度与他们进行合理的交流,并建立合理的评价机制,从而完善师生关系并提高学生的学习效率。例如:在北师大版《初中数学》教材中会学到《生活中的立体图形》这一内容,教师在上课时可以将知识点与生活实例相融合,比方说长方体和教室的门等相似,教师也应当与学生展开互动,让学生说一说正方体、长方体等立体图形还与哪些生活中的物体相关,从而建立一个师生和谐相处的教学环境。另外,学生如果回答正确了,教师就要当着全班学生的面对其表扬,这样可以起到激励作用,不仅能给回答问题的学生最大的鼓励,还能激励其他学生积极参与到学习中。对于回答问题错误或者上课不认真听讲的学生教师也不能批评,应当有耐心地对其讲解,并鼓励他们好好学习,使学生认为教师并没有放弃他们,从而重拾学习信心。

唐老师还认为,改变教学方法和强化发散思维也是提高学生创新能力的好方法,这也为我们提供了更多思路。

(二)一题多解、一题多变

侯万虎老师认为,教师进行初中数学教学的时候,对于同一道题,可以进行不同解题方法的提出,让学生在学习的时候多思考,切实提高学生思维发散能力。[2]不同的解题方法能够帮助学生从不同方面进行问题的思考,让学生的思维更加地发散,这种情况下,学生成长也会真正的全面。长此以往,学生在独立面对问题的时候,才能从多个角度进行思考,获得更多的方法来解题,推动学生思维更好发展。通过一题多解的方式,教师能够引导学生从不同方面思考,培养学生的发散思维,切实提高学生其他方面的能力。

只有学生思维真的灵活了,学生的各方面能力才能够真正提高,学生也能够获得进步。教师进行初中数学教学的时候,对于同一道题目,可以选择不同方式的变形,可以改变问题也可以改变条件,让学生适应这种变化,这样能够让学生思维更加灵活。随着新课的进行,教师在要求学生学习的时候,必须转变学习方法,提高自己的问题解决能力,具有自己的想法,只有这样学生才能真正取得进步。

侯老师也提出,对知识点更加全面、更加精炼的概括实际上也是启发孩子们思考的一大基石。同时,良好的课堂氛围也是引导孩子们充分思考的重要前提。

(三)设置生活案例,数学联系生活

刘艳阳老师提出,兴趣是学生学习的动力来源,初中生喜欢轻松愉快的教学氛围,在初中数学教学中打破传统的数学教学方式,开展竞赛游戏,让学生在抢答或闯关游戏中发挥思维的灵活性,也能有效地培养学生的创造性思维。[3]值得注意的是,初中生的自我控制力较差,如果开展游戏,学生可能会因为兴奋而违反课堂纪律,这时教师还要多控制课堂节奏,让学生在游戏中高效地完成教学任务,并达到锻炼思维创造力的目的。

刘老师也提出,可以更多地创设情境、开展竞赛、组织活动等等,孩子们在喜闻乐见的教学活动中可以更投入,这样可以训练学生的发散思维。而这样的教学方法又和前两位老师提出的良好的师生关系以及良好的课堂氛围是分不开的。

三、总结

随着社会竞争的逐渐加剧,社会对于人才的能力也有了更高的要求,不仅要求人们能够具有良好的基础知识,还希望人们能够具有一定的创造能力。数学学科是培养学生创造性思维的有效途径之一,对于学生的终身发展有着重要作用。在教学实践中,教师应有意识地引导学生的思维发展,使学生更具创造性和创新性。

有趣的是,笔者在查阅文献时发现,以前的学者们研究这种问题时,更多的是从我国的教育体制或者应试教育本身去探讨,而近些年更多的研究则是从课堂本身入手,希望通过改变课堂的教学模式,从而更好地启发学生的创新能力。从效果上来看,以笔者极短的教学生涯来看,当下的学生也确实比当年的学生更具有创新能力,而教学政策的改变其实并不显著,现在的学生仍然需要应付考试,尤甚于当年。一方面,笔者认为这是时代的进步、科技的进步带来的对于人的提升,另一方面,还是必须指出改变教学的开展方式才是真正提升孩子们创新能力的关键,而非抨击教育体制本身。

参考文献

[1] 唐转霞.初中数学教育与学生创造性思维的培养[C].华南教育信息化研究经验交流会2021论文汇编.福建省商贸会,2021:407—409.

[2] 侯万虎.初中数学教学中如何培养学生创造性思维[J].科教导刊(上旬刊),2020,(05):142—143.

[3] 刘艳阳.初中数学教学中如何培养学生创造性思维[C].2020年教育信息化与教育技术创新学术论坛(南昌会场)论文集(一).重庆市鼎耘文化传播有限公司,2020:26—28.

线上线下体育教学融合思考

仲 刚

摘要: 2020年2月新冠肺炎疫情防控期间,在线教学工作随之催生,如何做好线上体育教学也成了体育教师需要攻克的难题。线上线下体育教学存在着差异性,体现在教育形式、对学生的要求、时间利用、练习场地要求、学习反馈等方面。学校体育是以促进身心健全发展和培养终身体育能力为主线的,如何融合线上线下教学是一个新的挑战,尽管线上线下体育教学存在差异性,但是最终目的始终是一致的:贯彻落实"健康第一"的指导思想。在线上教学中,教师需要使用多媒体网络技术,信息技术与体育学科的结合需要新的架构,线上体育教学可以弥补一些线下体育教学中占比较少的内容,进一步丰富并且完善课堂体验。线上教学是线下教学的延续,依旧需要渗透德育,营造一个"有爱的课堂"。线上和线下的教学各有所长,两种教学模式可以相互补充。

关键词: 线上线下;差异性;融合互补

2020年2月,新冠肺炎疫情突如其来,根据教育部"停课不停学"的工作要求,在线教学工作随之催生,这对于体育学科来说是一种创新尝试以及巨大的挑战。体育教师如何做好线上体育教学成为十分紧迫的课题。

学校体育是以促进身心健全发展和培养终身体育能力为主线的。传统的线下体育教学中,学生互相接触、互相协作、互相竞争,往往是由个人技术和团队配合相结合进行的;新生的线上体育教学中,学生单独学练、独立思考,以个人技术为主和理论学习为辅。例如:传统线下体育教学中有迎面接力、双手胸前传接球、八字跳长绳等,诸如此类的项目在线上体育教学中不太好开展;而篮球球性练习、排球垫球练习、俯卧撑开合跳等素质练习比较适合线上教学。因此,线下体育教学和线上体育教学内容存在着较大的差异。尽管线上线下体育教学存在差异性,但是它们的最终目的始终是一致的:贯彻落实"健康第一"的指导思想。

一、线上线下体育教学的差异性

(一) 教育形式不同

线上体育教学主要是以网络为载体,表现形式分为两种:线上直播互动和提前录播展示,学生足不出户即可进行学习;线下体育教学通常需要学生离开教室,在户外操场、体育馆等场地由教师进行面对面的教学授课。

(二) 对学生的要求不同

线上体育教学时教师不在学生身边,是通过视频进行教学的,更考验学生的自觉性,学生自觉性的高低会在很大程度上影响学习锻炼效果;线下体育教学是在课堂上学生与教师直接进行沟通互动,学生在教师的课堂管理下能够更有效地被督促学练,从而达到课堂的教学目标。

(三) 时间利用不同

相比于线下体育教学,线上体育教学可以不受时间限制,有较高的自由度,只需在有网络的情况下,在线观看直播或录播即可进行学习,较为便捷;线下体育教学相对于线上体育教学的时间比较固定统一,必须按照学校的课程安排上课。

线上教学比线下教学更大的一个优势就是,在线教学还能支持课后重温,例如当学生忘记了某个练习技术动作要领,或者在听某节课分心了的时候,他能对课程进行重新学习。线上体育教学的时间是宽泛的,没有时间的限制,更有利于学生对自我时间的安排。

(四) 练习场地不同

线上体育教学中,学生居家锻炼受环境和器材的限制,教学内容要依据简单化、可操作、科学性的原理,以"中低强度"的量度为依据,按照学段来大致拟定。例如:操化类包括眼保健操、广播操;体能类包括深蹲、仰卧起坐、高抬腿、坐位体前屈、燕式平衡等;亲子游戏包括石头剪刀布、负重锻炼、亲子射门等;兴趣类包括跳绳、踢毽子、轻物投掷、亲子合作锻炼等;线下体育教学场地相对来说更专业、规范、标准,更符合学校体育教学的要求。

(五) 学习效果反馈与跟踪

线上体育教学教师可以给学生布置作业、批改作业,通过软件统计等方式更直观地向家长反馈孩子的表现及需要改进的地方;线下体育教学课后作业和反馈孩子的体育学习情况基本在学校完成,一般如有问题,先与班主任沟通,有必要再与家长沟通,对家长来说了解学生的体育学习情况没有线上来得那么直接与及时。

二、突出自身特点,做到精准锻炼

(一) 做好技术融合

在线上教学中,教师需要使用多媒体网络技术,信息技术与体育学科的结合需要新的架构，其中包括教学内容的呈现方式、学生的学习方式、教师的教学方式和师生的互动方式。充分发挥信息技术优势，就需要对教学内容进行筛选和重组，并且以放映PPT、观看视频、网络直播等来呈现。教师在制作网络课件时，根据教材的特点充分利用图片、动画、音频等更直观地突出教学设计意图。比如说，少年连环拳的教学示范中需要用到完整动作和分解动作的视频讲解；篮球原地运球的教学需要用到手型图解；热身操的教学需要用到不同节奏的音乐；综合练习活动中需要用到文字提示。实际上这些对体育教师提出了更高的要求，因为这些在传统的线下体育教学中运用得是比较少的。因此，体育教师需要熟练掌握与运用多媒体网络技术，网络课件的质量高低直接影响到整堂线上体育课的效果，也能体现出体育教师上课的艺术性。

（二）增强学习互动

线上体育教学相比于线下体育教学有许多不一样的学习互动体验。

通过网络平台的加持，体育教师能够更有效地追踪到每一位学生的实时反馈并且做好追踪记录，形成每一位学生的运动轨迹，建立学生个人运动档案，让学生可以清楚地了解自己的学习状态，并且根据学生个人运动档案可以制定学生个性化学习目标，这一点比传统线下体育教学有较为突出的优势。例如：一分钟原地跳绳，每次学生做好实时反馈，连续几周形成一张运动轨迹表，教师可以清楚地了解到该生的运动变化，并以此为依据给出进一步的指导意见。与此同时，学生也能更清晰地了解自己的改变，更加积极地投入跳绳运动中去。这是基于网络学习互动形成的有效机制，并且在线下体育教学中还可以继续沿用。

建立学习打卡机制，激发学生学练的积极性，可以有效提高学生运动的规律性，促进学生运动的自律性，从而养成终身体育锻炼的良好习惯。在学习打卡过程中，打卡内容可以给学生有选择的练习，满足学生寻求个性发展的需要。例如：设置上肢力量训练内容为俯卧撑、平板支撑、哑铃器械等，在同一个练习内容中设置不同的组数、次数，供学生选择，设置不同的分数。当学生累积到一个总分时就可以挑战更高难度的练习内容。

（三）丰富课堂体验

线上体育教学可以弥补一些线下体育教学中占比较少的内容，进一步丰富并且完善课堂体验。教师在线上课堂中，可以增加体育运动欣赏、体育运动保健、体育运动营养、运动比赛项目规则等，使学生拓宽视野、丰富知识，提升运动鉴赏能力，提高体育素养。例如：体育健身中需要注意损伤与防治，学生在体育活动中有时会发生各种肢体的扭伤和挫伤，通过观看视频，学生可以更直观地了解一般处理方法和预防措施；体育文学作品欣赏方面，七年级课本中的《登上地球之巅》节选自新华版《红旗插上珠穆朗玛峰》，通过图文展示、讲解，观看相关短片，帮助学生更切身地感受到体育运动的魅力。线上教学对体育文化进行了另一种方式的呈现，有效地诠释了健康和生命的意义。这种不一样的体验，除了教授体育知识与技能外，更多的是渗透运动精神。

三、渗透德育，提高素养

（一）核心素养的体现

体育学科核心素养是指自主健身，其核心能力主要包括运动认知能力、健身实践能力和社会适应能力，是对知识与技能、过程与方法、情感态度价值观的整合，是以学生发展素养为核心价值追求。

通过线上教学的运用，教师可以制作大量的网络体育教学课件，在体育健身知识、运动技能和相关健康知识方面拓宽学生的视野，从而培养自主学练的意识，促进终身体育健身锻炼。有了线上体育教学的模式，学生学练就不仅仅局限于学校课堂，在家中、小区、健身房等场所都可以学练，真正做到想学就学，想练就练。学生可以按照自己的兴趣喜好，任意组合搭配锻炼方案，强化练习，持续练习，这也能体现出学生逐渐具备良好的健身实践能力。目前线上教学的大部分内容是偏向个人学练，培养学生遇到困难时敢于面对、坚持不懈，具有吃苦耐劳的精神；培养学生自信、果断和超越自我的拼搏精神。但并不能很好地突出锻炼人际交往、团队协作等社会适应方面的能力，这时候需要线下体育教学来充当重要的一块内容，通过一些团队项目的学练，了解团结集体的重要性，使学生树立关心他人，互帮互助的良好意识，学会与他人和睦相处，宽容他人的优秀品质。

（二）心中始终有爱

传统线下体育教学中包含有育人的价值，毛泽东在1917年写了他生平第一篇论文《体育之研究》，其中谈道：体育一道，配德育与智育，而德智皆寄于体。无体是无德智也。毛泽东曾经为英年早逝的同学作挽联："为何死了七个同学，只因不习十分间操。"毛泽东所说的"死"有两个含义，因为毛泽东认为，那时候的中国人，很多虽然身体没有死，但他们的精神已经死掉了。而体育的育人价值恰好可以"文明其精神，野蛮其体魄"。

线上教学是线下教学的延续，依旧需要渗透德育，营造一个"有爱的课堂"。作为体育教师需要对学生有爱心、有耐心、有信心，网络教学虽然不能面对面授课，但是通过精心的备课，即使是通过网络媒介，也能拉近彼此之间的距离，让学生真真切切感受到线上体育教学的魅力：即时互动、实时反馈、日常打卡、温馨提示，利用网课期间的授课平台做到关注每一个学生的学习情况。教师在授课中要善于捕捉学生心灵深处的闪光点，适时地加以启发诱导，及时地给予学生恰当的鼓励和表扬，培养拼搏进取精神，面对偶发的不良事件指出错误，给予适当的批评，提高对是非的判断能力。贯彻德育教育不仅是学校体育改革的需要，也是体育教育观念更新的需要。教师必须坚持德育与教学紧密相连，做到心中有爱。

四、总结

综上所述，线上和线下的体育教学各有所长，两种教学模式可以相互补充，随着线上体育教学的进一步开展,如何做好线上体育教学稳步有序开展是我们体育教师的历史使命,所有的努力尝试都凝聚了体育人智慧的结晶。今后的体育教学一定会进一步发展,线上线下的体育教学比重也会发生变化,取线上教学之长,补线下教学之短,有机融合,进一步完善体育教学体系,更好地做到贯彻落实"健康第一"的指导思想。

初中几何学习中培养学生"说"的能力

杨 琴

几何学科具有高度的抽象性、严密的逻辑性,学生较难入门,历来是教学中的难点。对于刚进入初中的学生,其思维特点还主要是以形象思维为主,而从认识几何到抽象几何的学习,这与学生认识的具体形象之间存在一定的矛盾。有效的教学要求教学内容与方法应切合学生的实际,教学程序的设计应符合学生的认知规律。传统数学教学中的教师因受应试教育的影响,重视学生书面推演,轻视学生口头表达,教师课堂上讲概念,学生记概念,教师讲例题,学生模仿学习,单一乏味的教学方法,严重挫伤了学生学习数学的积极性,从而导致课堂教学达不到预期的效果。这与当前提高学生科学素养,培养学生具有创新精神的教育方针极不适应。

《数学课程标准》中指出:"学生对数学学习的兴趣和自信心,是自主发展的强大动力。"兴趣是最好的老师,激发兴趣是数学教学的一个重点。

一、创建温馨课堂是培养学生能力的沃土

现代教学模式论认为:"教学就是环境的创造。"创造温馨课堂,对学生的思维发展至关重要。它为心理安全和心理自由提供了良好的沃土。在温馨课堂里,学生的学习环境是友好的、安全的,身心是放松的、愉悦的。在这样的氛围中,学生才敢说、肯说,才能大胆想象和提问,才能充分体现以学生为主体和学生被充分尊重。

二、引导学生"说"的能力是培养学生能力的起点

数学学科与其他学科的一个显著区别,即数学语言和自然语言的区别。数学学科中有符号、图形和图像,它们需要按照一定规则来表达数学意义和思想。学生需要将理解的自然语言翻译为数学语言,对于初学几何的学生来说,这是一项很大的挑战,也需要教师有足够的耐心去倾听、思考、纠正。发展学生"说数学"的能力,使学生能快捷有效地讲解和交流,正确理解数学语言,从而准确使用数学语言。

培养学生"说"的能力,可以促进学生大胆质疑。学问常常起源于疑问,质疑不止于发现问题,还要提出问题。发展学生"说数学"能力,教师创设问题情境,鼓励学生观察、思考,并提出

疑问,从而达到知识的迁移和问题的解决。

例如:等腰三角形一条腰上的中线把这个三角形的周长分成 12 cm 和 21 cm 的两部分,则该等腰三角形腰长为_____cm.

分析:题目条件是等腰三角形一条腰上的中线把这个三角形的周长分成 12 cm 和 21 cm 的两部分,学生凭直觉,会认为它是被分成了两个三角形,而这两个三角形的周长分别是 12 cm 和 21 cm,通过学生的说题,在解决过程中会自己发现理解错误,并能及时反思,从而解决问题。

在此题之后,巩固练习,如:在三角形 ABC 中,$(AC>AB)$,$AC=2BC$,BC 边上的中线 AD 把三角形 ABC 的周长分为 60 cm 和 40 cm 的两部分,求 AC 和 AB 的长。学生有了上次的错误经历,在分析解决此题时就比较有心得了。他们还可以举一反三,等腰三角形一条腰上的中线把这个三角形分成两部分,周长相差 2 cm,其中等腰三角形的底边长为 10 cm,求此等腰三角形的腰长。

三、有利于确立学生主体地位

在以往的"教师讲,学生听"的教学模式中,一切以教师为中心,学生的主体地位成了一句空话,导致许多学生对数学学习没有兴趣。重视并发展学生"说数学"能力,能拉近师生之间的距离,便于双向交流,能够较好地调动学生参与的积极性和创造性。有些学生喜欢提问、猜想、直接给出答案,尊重他们的发言,然后师生讨论分析。在这个过程中,发言的人会认真听大家的讨论分析,他希望得到肯定的评价,讨论分析的过程也是大家学习知识发展能力的过程。那些在数学学习方面缺少自信的学生,在"说数学"的过程中改进了学习方法,变被动学习为主动学习。"说数学"中教与学双方都有学生,学生自然多了一份亲近和默契。师生之间,同学之间都无拘无束,密切配合,学生成为真正的学习主体。例如,在学习"三角形外角性质"时,对于有一类图形,在我之前的教学中,我常称为"风筝"形,而此类题目常添的辅助线就是连接一条对角线,讲解时,我卖了一个关子,问图形长得像什么?学生回答:"像飞镖",我一听,还真有点像,考虑到抢答的是几个男同学,我说,老师觉得像风筝,你们觉得这个图形更像飞镖还是风筝呢?我想听听女同学的观点。令我惊讶的是,女同学们也说像飞镖,于是我在这届的教学中就将此类图形命名为飞镖模型。对于后续的学习,同学们也产生了一些有利于记忆的好的场景及结论。

四、有利于培养学生合作精神

所谓合作精神,就是与他人合作的愿望,同时也表现一个人的素质和能力。在知识快速发展的社会,每一个人只能是一个或有限的几个方面的专家,每个人都只能是整个进程中的一点。要想充分发挥每个人的才能,只有通过合作才有可能,合作同时可以产生集团效应形成智力互补。新的《数学教学大纲》中提出"重视讨论,发扬民主,师生双方密切合作,师生之间交流互动"。这一教学原则要求教师在教学中,要创造性地运用教学方法。学生在"说数学"教学中,一个同学的问题提出,会引起其他同学的猜想和讨论;一个同学的猜想和讨论,可能会成为别人问题得以解决的策略或启示,有合作中的提问、猜想和讨论,最终把问题解决。

例如,初一数学配套练习册第61页"试一试",要求用不同方法分割,将一个等边三角形分割成四个等腰三角形,比较容易想到的有两种方案,老师讲解了第三种有一定难度的方法后,有学生提出自己还有一种方案,也是围绕老师的切割方法,将30度角改换为20度角,做了一定的尝试,也成功地解决了问题。在给予学生讲解时,适当的提问,你是怎么想到的?是通过什么方法发现这种方法的?以及你花费了多久得到结果的?学生的回答既达到了解决问题的又一种方法,也激励着其他同学要积极思考,达到"授渔"而非给鱼。

五、有利于学生创新能力的培养

《数学教学大纲》提出"逐步形成数学创新意识"这一教学目标,并将数学创新意识界定为"对自然和社会中数学现象具有好奇心不断追求新知,独立思考,会从数学角度发现提出问题,并加以探索和解决"。这一教学目标的提出,要求教师在教学中应注意学生探索精神和创造能力的培养。

学生"说数学"能力的基本要求是,合理猜想分析、积极讨论、勇于提问,言必有据地推理。学生"说"要从简单到复杂,从具体到抽象,逐步发展。不能孤立进行,要与记忆、理解、推理及空间想象等能力互相渗透。缺少问题探索过程,没有提问意识,不敢提问,缺少创新精神;习惯于教师的知识灌输,缺少合理的猜想以及过分强调言必有据的推理,将会导致学生不敢"说"和"说困难"。因此,在实际的教学中教师还要有意识地对学生"说"的能力进行培养和训练,不能让"说"变成优等生的专利,要考虑到不同层次学生的表达和理解能力,设计有梯度的"说",让不同层次的学生在原有的基础上有所进步。教育是基于生命的事业,因此教师要尽可能地创设条件,促进学生的发展,在所有教育教学行为中,学生始终是需要教师帮助的对象。其次,"说"可以延伸到课堂之外,在上学期期末,我布置了一项作业,请每位同学利用假期寻找并整理6道图形运动题。开学初,我将同学们的作业一一仔细看过,发现里面有几位同学寻找的题目非常棒,于是布置给大家,让同学们统一完成,并利用开学初学习代数有一些机动时间分析后,组织了一场视频说题比赛,学生们的表现形式多样,有用传统型的,有用电脑几何画板制作的,有在作业本上表达同时借助视频软件处理等,展现了他们"说"题时的逻辑表达。有些同学为了达到自己理想的结果,试了好几遍,从中,我看到了学生们的毅力和钻研精神,这是我平时所赏识的优秀品质。在评选了一、二、三等奖之后,我又开展了请指定同学准备指定题目,对于一些经常犯相似错误的同学,让他们尝试录视频讲解,这就需要他们能静下心认真思考学习才能完成任务。后期我将视频发布在班级学习交流群,让同学们复习或平时有需要时可以观看,最大限度地开发了学生的智力资源和潜能,对学习积极性的调动起到了很好的作用。

　　总之,在教学的探索路上,教师注重自身的知识和能力的储备,打破传统的教学定式,灵活引导学生的学习和发展,从"说"的学习开始,坚持不懈,才能探索出更适合学生的学习方式,引导学生更积极、高效地学习。

英语精读泛读教学的实践与思考

张嘉歆

在初中英语的阅读教学中,精读(intensive reading)和泛读(extensive reading)是读中活动(while-reading)的两大广泛运用的阅读技巧,将其运用于拓展课英语阅读中能够用传统的阅读方法加入新的拓展教材中,也能够锻炼学生运用阅读方法,有效提升学生的阅读能力。本文结合自选的拓展课阅读教材书虫·牛津英汉双语读物《福尔摩斯探案故事:蓝色宝石》和《福尔摩斯探案故事:诺伍德迷案》以及 Treasures 美国加州语文教材蓝思分级阅读教材进行精读和泛读,通过优化问题设计,在福尔摩斯故事中扩大学生思考的广度和深度,促进学生寻找和搜集阅读中案件的细节,促进学生的预测能力和逻辑推理能力,在蓝思分级阅读中促进学生的上下文语境推测以及概括归纳捕捉文章细节的能力,从而提高学生对英语篇章的阅读能力。

一、问题的提出和思考

英语阅读课是初中英语教学的重要课型,对于提高学生的思维品质有着重要的作用。整个英语阅读教学中,读中活动是核心部分。在该环节,教师的作用是引导学生对阅读材料进行深入理解,教他们使用有效的阅读技巧,理解文本大意,获取文本信息,最终实现培养阅读技巧、提高阅读能力的目的。阅读活动可以分为两种阅读方法,分别是 skimming 和 scanning。笔者将传统阅读方法用于拓展阅读教学中进行尝试,目的是提高学生的阅读能力,同时拓展阅读的题材是有关福尔摩斯的冒险故事以及其他各种题材的文章(如 science fiction、fantasy、biology、document 等),比较容易引起学生的阅读兴趣,可以在此方面锻炼学生活用阅读方法理解文本内在含义。在传统《牛津英语》的教材中,学生学习的语篇量有限,阅读技巧的使用局限在课本的语篇中或者是试卷中的阅读,很少有同学会自己去找阅读材料去读甚至分析。这时,拓展阅读材料给学生提供了一个扩展语篇阅读的平台,可以让学生较好地去阅读课外语篇,并用精读和泛读的技巧进行分析语篇。因此,笔者在设置教学活动环节时偏向中等难度,让学生能够比较容易上手回答,提高学生的参与度。考虑到教材的语篇多属于记叙文,而《初中英语学科教学基本要求》提出了具体要求:"把握记叙文的基本信息,如时间、地点、人物、事件等。熟悉记叙文的基本结构,理解事件的起因、过程和结果;把握记叙文的主旨大意和段落大意;就日常生活中的话题和需要,灵活运用记叙文完成口头或书面表达。通过上下文推断关键词句的意思。"拓展课的读中环节设置也应该紧扣教学基本要求,锻炼提高学生的阅读能力,从关键字词理解、语篇的归纳和细节寻找、逻辑推理和预测能力等三个方面进行培养和熏陶。

二、英语拓展阅读课读中环节教学实践

（一）上下文进行关键字词理解

关键字词理解属于精读范畴,学生可以通过上下文的语境猜测单词或者词组的意思。英语的上下文语境对于关键字词的理解有着重要的作用。学生在阅读中碰到生词、词组时,容易想当然或者产生阅读障碍,这时可以运用上下文理解来排除对于字词认知的障碍。

这里所讲的词组,是指由学生已学的单词组成的词组,不存在生词的障碍,但是组成词组后会引发对于其意思理解的歧义。譬如在《福尔摩斯探案故事:诺伍德迷案》教材的第二章 McFarlane's Story 中涉及 light meal 这个词组,文章中讲的是 Mr. Oldacre 邀请 McFarlane 到他家来,具体语境是 We ate a light meal of sandwiches and fruit。让学生来猜测这个词组的含义,有的学生马上想到 light 是光的意思,meal 是饭的意思,于是想到了 light meal 解释为烛光晚餐,但需要知道 Oldacre 邀请 McFarlane 来吃饭是为了帮忙看遗嘱中财产继承的事宜,而且天色已晚,重要的事情还没完成,吃饭只是一笔带过,light 还可以解释为轻的、轻便的,因此 light meal 应该是便饭的意思,并且与仅仅吃了水果和三明治几样简单的食物相对应。

类似的例子还有在《福尔摩斯探案故事:蓝色宝石》第六章 One or two question 里,James Ryder 被发现是罪犯忏悔说 Now my sister thinks I'm a terrible brother. I'm a thief, I'm going to lose my good name and I never got any money from my crime at all. Oh, what's going to happen to me? 在这里笔者提问学生 good name 的意思,学生联系上下文语境想到该词组的意思是好的名声,而不是好的名字。在英语考试的阅读中,经常会让学生猜测词义,比如中考阅读题中采访一名 renowned writer,问画线单词 renowned 的含义,这时结合语境,通过知道 winner of many international awards 得知获得很多奖项,说明很有知名度,应该是选同义词 famous。教师让学生有意识地去通过语境理解字词,能有效提高学生阅读能力。

（二）语篇的归纳和细节寻找

泛读和精读是阅读的两大基本技能。泛读考验的是语篇的归纳,而精读考验的是细节的寻找和分析。在阅读中,学生可以将精读和泛读两者结合,更有侧重和目的地去阅读和理解分析文章。

以 Treasures Grade 4 的 Lecture 2 Living in Alaska 为例,这篇文章主要讲了阿拉斯加冬

天动植物和气候环境的特征。首先让学生阅读 Another world 的第一段:In some ways, living in Alaska is like living in another world. Winter lasts for about nine months. For more than two months each year, the northern lights shimmer in the sky are the only source of light。引导学生如何 summarize 归纳这一段,并且分辨出 main idea 和 details,并完成表格。

这里以第一段为例,通过例子老师向学生阐述哪个句子是这段的主要意思,哪些句子是这段的具体细节,如此下来,学生能够寻找每个段落的 main idea 和 details 来完成以下表格,见表 2-4。

表 2-4 Main Idea Chart

Main Idea	Details
Living in Alaska is like living in another world.	Winter lasts nine months. Northern lights are the only light for two months.
The lack of sun affects people and animals.	People find it eerie. It is dangerous for animals that might be eaten by predators.
Animals have adapted to survive the cold.	Mammals have two layers of fur. The ptarmigan has feathered legs and feet.
Some mammals, fish, and insects become inactive in winter.	Bears and mice hibernate. Some insects and fish freeze.
Plants have special survival traits.	In summer they grow low to absorb heat from the soil. In winter the snow keeps them warm.

学生在阅读文章时缺乏主次内容的划分意识,在这里设计表格能够让学生划分出主要意思的句子和细节的句子,这样有助于提高他们的阅读效率。阅读活动的设置难易度偏向中等,一般程度的学生都可以回答参与,如果学生找对了 main idea,段落中剩余部分中找到 details 也比较容易了。每一段内容都基于"main idea-details"的结构,使文章富有层次性,这样的文本材料也更适用于精读和泛读相结合的阅读教学。比如,在找到"动物已经适应了在寒冷中存活"的主旨后,笔者提问 How have animals adapted to the cold? 学生会找到对应细节:哺乳动物有两层毛皮以及松鸡脚上和腿上长有羽毛可以御寒。这样可以使学生清晰分辨出 main idea 和 details 的区别,后者是为了支持前者,后者是前者的具体描述和说明。

当 details 涉及人物性格时,可以用 character web 来分析文本,笔者以分级阅读四级教材中的一篇文章 Astronauts in training 为例,首先告诉学生这是一篇 fictional story,阅读目的是要分析人物的特点,最终完成练习中的 character web。先在中间圈里填上"Ana Gomez",

接着四个分支可以填四个人物的性格特征(见图2-8),比如阅读1—4段可以分析出 Ana Gomez 的一个性格特征,enthusiastic,这个特征可以从 especially cheerful 以及所说的话中由 Finally 和 I have been curious about that planet since I was ten 这些具体的细节来得知。

上述的人物性格蛛网图、主旨细节表格以及问题解决流程图的设置旨在学生学会结构性的精读和泛读相结合的阅读方式。

图2-8

(三) 逻辑推理和预测

读中(while-reading)环节可以设置逻辑推理和预测环节,逻辑推理是根据已有的文本信息进行分析,然后找出字里行间的意思。柯南道尔笔下的福尔摩斯擅长的技法就是推理演绎,是由一般到特殊的推理方法,推论前提与结论之间的联系是必然的,是一种确实性推理。预测是对文本未来发生的事情进行猜测,但是并不是胡乱猜测,而是有事实依据地去预测。这个阅读过程可以激起学生思维的火花,提高他们的阅读兴趣,锻炼其精读和泛读能力。

在教授《福尔摩斯探案故事:蓝色宝石》这本教材里,主要通过一步步探索蓝宝石的来源线索从而得知最后的凶手,笔者会让学生绘制人物关系图(character relationship diagram),清晰地认识到案件的发展经过,每个人物经手蓝宝石的经过,从发现 Mr. Baker 的鹅的肚子里的蓝宝石开始,一直到最后发现是 James Ryder 偷的。梳理案件发生的经过,学生会对推理特别感兴趣,发现案件中的可疑人物,再推理下一个可疑人物,这种探索心理使阅读成了没有负担的自我激励性质的阅读,即 self-motivated reading,是泛读和精读后思维的整合和对整个故事的思考的反馈。笔者将这个内容这样来设计,Please draw out the relationship diagram of characters who are related to the goose。学生在读懂了故事之后可以绘制出这样的关系图网(Mr. Baker—Mr. Windigate—Mr. Breckinridge—Mrs. Oakshott—James Ryder)。在此项教学活动之后,学生反馈积极,对于故事情节和案件的犯罪经过都清晰了解,提高了阅读能力。

三、结语

不管是在课堂考试中还是在日常阅读英语文本素材时,精读和泛读都是重要的阅读技能。笔者在读中环节中尽力设计教学活动,使其达到满足学生锻炼精读和泛读能力的需求,从而使阅读能力得到提升。笔者尝试对更多的读中教学活动进行不同的设计,在师生互动、生活化、以学生为主导方面多加改进,使其在提高学生学习兴趣的同时,提高应试和精读泛读技巧。

语文教学应以"情"制胜

——语文"情感教学"初探

殳云香

语文情感教学是指教师在语文教学活动中,充分考虑语文认知因素,同时着意突出语文作为人文学科的特点,充分发挥情感的动力、调节、组织等作用,使学生情知共进,形成健康个性、完善健全人格的一种教学模式。苏联著名教育学家苏霍姆林斯基曾经说过:"学校里的学习,不是毫无热情地把知识从一个头脑里装进另一个头脑里,而是师生之间每时每刻都在进行心灵的接触。"

一、语文"情感教学"原因初探

(一)实施"情感教学",是语文教学的内在需求

语文可以说是诸多课程中最丰富多彩的一门学科,语文课本处处蕴含着真、善、美,兼具知识性和人文性,但很多学生却感到语文课索然无味。在社会功利主义和应试教育的冲击下,语文教学也遭遇了发展的"瓶颈",填鸭式教育似乎已成为历史,但问题却远未得到解决,学生基础知识学得不扎实,错别字连篇,情感缺失,社会价值取向出现偏差……这一切都让人在痛心和无奈之余,也陷入了深深的沉思。

作为一名语文教育工作者,怎么做才能"让学生感受到人性之美、人伦之美、人道之美,感受到理性之美、智慧之美,感受到人类心灵的博大与深邃,感受到人类所创造的文化的灿烂与辉煌,而且能呼唤学生对于生活的热爱与柔情,让学生对未来充满热切的憧憬和乐观、光明、正直的期待,使他们能以新的眼光审视生活"[①]。从于漪老前辈的语文教育生涯中不难看出,语文不是无情物。聆听她的报告,研读她的文章,我们都会觉得字字铿锵,充满了对语文教学的挚爱,怎是一个"情"字了得。这位高龄的语文教育者让我深深感动,也明白了要让学生喜欢语文课,必须让语文教学充满情感。

(二)实施"情感教学",是语文新课程目标的要求

现在,语文新课程的目标系统建立了"三个维度"的模型:知识和能力、过程和方法、情感态度和价值观。因此,为实施"情感态度和价值观"的教学目标,语文也需要情感教学。由此可

见,语文教育已经开始重视学生的情感体验,重视语文学科浓厚的人文和文化色彩。不得不说,这是语文教学改革的一剂良药。

(三) 实施"情感教学",是学生内在的情感需要

心理学研究表明:情感是人对客观事物的态度和体验。即人对客观事物是否符合自己的需要而产生的一种内心感受。情感是教学活动中的非智力因素。现代教学论认为,教学效果在很大程度上取决于学生内在心理状态即情感心理状态如何,这是由于情感对于人的认识和行为具有巨大的调节作用和推动作用,只有激起并满足学生的情感需要,才能产生强烈的欲望。在学习活动中这种积极的情绪如果能得到引导和有效激发的话,学生的认知水平将会得到很大提升,创造性思维也会得到很好的培养。

二、实施语文"情感教学"的途径

(一) 充分挖掘文本中的情感因素

文本是思想情感的依托,要想实施情感教学,首先得让学生从文本着眼,整体感悟。看过《狼牙山五壮士》电影的人无不被五位壮士英勇杀敌、不怕牺牲的精神深深打动;桑娜和渔夫宁可自己受苦,也要主动收养邻居家的两个孩子(《穷人》);一个普通的共产党员,面对洪水,以自己的威信和果决,将村民送上跨越死亡的生命之桥,展现了党性的光辉(《桥》);《我的战友邱少云》为了战友的安全,在烈火焚身的情况下严守纪律,最终壮烈牺牲。这种种情感无不是丰厚的精神食粮,滋养着学生的心灵。学生在看一个个故事的同时,不仅感受到了爱,还懂得了如何去爱、什么是小爱、什么是大爱。

当然,除了文本整体会透露强烈的情感信息之外,我们从很多细微之处也能窥得一斑。因此,引导学生品味语言,从细处体会文本情感也很重要。陆游的《诉衷情》中,词人那壮志难酬的慷慨与悲壮,对当局的失望,对自己的哀怜,都在那"泪空流"的"空"字中体现得淋漓尽致。

(二) 引导学生与作者对话

要真正深入文本,光解读文本还不够,只有深入了解作者,走进他们的内心,才能真切感受他们在作品中所蕴含的深切情感。因此,做好课前预习,了解作者的经历,搜集有关作者的资料对学生体悟作品大有裨益。

《七律·长征》这首七言律诗生动地概述了红军长征途中的艰难经历,作者毛泽东个性豪放,在他眼中,克服那些天险只不过是平常事而已。那是作者的本心,是革命乐观主义的充分体现。另外,品读《小石潭记》时,如果提前了解了柳宗元被贬的际遇和失意的情怀,那么自然对"凄神寒骨、悄怆幽邃"了然于胸了。

作品是作者的心血结晶,带有鲜明的个人印记。我们在欣赏作品时,其实也是在与一个个鲜活的生命对话。他们的情感、思想、价值观、对世间真善美的追求或对假恶丑的鞭挞,都或多

或少地在作品中体现出来。因此，引导学生去追寻作者的情感足迹也很重要。

石钟山先生所写的《雁》中将大雁称为母大雁和她的丈夫，而称呼人类为张家的男人和女人不是别有深意吗？母雁在作者的笔下显得那么高贵、美丽，虽然落难了，但却始终"高昂着头"，心中充满着对丈夫的思念，虽历尽煎熬，但始终坚持自己的理想。而人类呢，心里只有对私欲的追求以及对真情的漠视。一褒一贬，作者的感情倾向不言而喻。雁们拥有坚贞不渝的爱情，拥有共同的坚定的信仰，母大雁和她的丈夫才是真正的夫妻。

理解了作者的思想感情，学生就可以透过字里行间，跨越时空，与作者沟通，这不仅是对作者和作品的最大的尊重，也有助于学生在此基础上产生自己独特的见解和看法，也更明白了自己应该怎么做。

（三）充分激发学生的情感体验

心理学研究表明：众人聚在一起，就会形成一个如同物理学中磁场一样的心理场。当个体进入这个心理场后，在感人场景的渲染下，人的情感、行为就被磁化而变得情不自禁、身不由己，升华为与场景相一致的情感与行为。

在教授"面对灾难"这个主题单元的时候，我们首先播放了灾难来临时的视频片段，那一幅幅惨不忍睹的画面，那摧枯拉朽的破坏力以极其震撼的力量撞击着学生的心灵。然后我抛出了一个问题：在面对突如其来的灾难时，你会怎么做呢？学生陷入了深深的思考并且说了各自不同的做法，思维、情感开始碰撞。接着联系我们现实生活中遇到的几次灾难，让大家说说各自的所见所闻。此时，学生情感上偏向于勇敢抗争、互助关爱。最后，再播放了人们在面对灾难时的感人场景：年轻的妈妈跪着用身体挡住了倒塌的房子，只为了给孩子留一个生存的空间；解放军战士夜以继日地筑堤抗洪，抢险救人，有的倒下了就再没起来；一只只捐款箱、一箱箱救援物资源源不断地送往灾区……学生被深深地感动了，好多同学流下了泪水。或许灾难是可怕的，但也正是这危急时刻，愈发显现出人性的美，学生在这节课中情感得到了升华。

（四）积极创设真情课堂，以情动人

语文课堂上，教师要有激情，要把真知、真情融入自己的心灵和血液中，让学生的情感产生共鸣和心灵感应。正如托尔斯泰所说："把自己体验过的情感传达给别人，而使别人也为这情感所感染，也体验到这些情感。"

有一次上课，在讲到"坚持"这个话题时，我讲述了自己等过红绿灯的一段心路历程。本来坚持"绿灯行、红灯停"并不难，难就难在没车没人之时，难就难在别人走而你一人独自坚持时，那时心里有说不出的焦灼、矛盾、摇摆，可当你坚持住了，那战胜自我的成就感却是无法言喻的畅快。学生听了以后很有感触，说自己以后也要坚持。有一些学生第二天还特地跑来和我交流他们等过红绿灯的感受。无疑，真实的生活、真实的情感才能打动学生的心。

语文教学对学生情感领域的影响是深广的,因此在语文教学中,教师应充分激发学生的情感体悟,完善学生的人格构建,真正做到情知共进。

参考文献

[1] 肖川.教育的理想与信念[M].长沙:岳麓书社,2002.

生活化的初中美术教学实践研究

潘天玥

摘要：美术教学是学校进行美育的重要途径,教师的任务是让本来抽象的美术教学具体化生活化。如果有效地引入生活化教学,对学生和教师都是有益处的。教师通过将美术教学与生活相融合,使学生从生活中感受活力,从信息化中体验活力,从跨学科中提升活力,从实践中创造活力,真正让初中美术教学走近生活,走近美术教学带来的活力。

关键词：生活化；美术教学；创造；活力

构建生活化的艺术课堂是素质教育背景下每一位教师的追求。"生活化的美术教学",主要是通过内容创造的生活化、信息提供的生活化、跨学科融入的生活化等,引导学生感受多种生活化教学去表现生活世界。教师应从现实生活出发,结合学生熟悉的生活情境,激发学生对艺术的兴趣,为学生提供观察和理解生活的机会。同时,教师要让学生学会用自己所学的美术教育知识解决生活中的问题,提高艺术素养,感悟生活中的问题,提升美术情怀,在体验美术的独特魅力的同时,感悟身边的艺术之美。生活与美术是一体的,生活是艺术生长的土壤,没有生活,艺术就是"无土栽培"。因此,教师应该勇于创新教学方法,有创造活力,在生活中进行美术教学。

一、引导学生观察生活，以生活化情境激发学生创造力

观察是人类社会认识这个世界的途径,学生对世界大部分认识依靠眼睛的观察,引导学生进行观察学习生活,捕捉生活中的美,是创造美的前提。那么在初中美术教学中,为学生创设相应的教学氛围,可以让学生感受美术与生活的联系,生活化的情境可以让学生深刻体会到美术与现实生活的必然联系,激发学生浓厚的学习兴趣,使他们能够享受学习艺术的乐趣,升华学生的情感,增强学习的信心。

美术生活化情境教学的特征主要体现在实践性、启发性和综合性。我用预备年级第一单元的拓展性课来举例,本单元是认识点线面的综合性课程,为了更好地巩固造型的基础训练,我特地拓展了一节结合创意的课,在巩固造型基础的同时锻炼学生的想象能力。课前我运用

联想式学习,正式上课前,请学生回答问题:"最喜欢的食物是什么?""最喜欢的动物是什么?""由圆形、三角形、长方形想到了什么?"通过观察感受事物,当场从生活中寻找答案,在调动学生积极性的同时锻炼了学生发散性思维,绘画的元素来源于我们的生活。我们在导入时利用模仿式体验,学生观察梨和老虎表情包动图,并模仿它们的动作姿势,以此感受生活中每一件事物的趣味性。后续通过欣赏西瓜、老虎、汉堡、三明治、生梨等有趣动图,可以了解生活中每一件事物都有趣味性,我们的世界很有趣,只是我们要会发现。因此,用学生比较熟悉的情境引出学习的主题,能更好地贴近生活。

在初中美术教学中,为学生创设一个生动的生活化的情境,有助于学生深刻认识美术与现实生活的必然联系,有助于学生情感升华,有助于激发学生学习美术的兴趣。用学生生活中的情境引出学习的主题,会增强学生的学习信心,激发学生的创造力。

二、引导学生感受生活,以信息化激发学生认知能力

科技的发展影响教育现代化的发展,利用各种信息化手段使学生接受美育信息化教育,直观而有趣,这也是生活化教学的一座桥梁。这具体表现为三点:一是信息化的手段作为学习工具,能提供更加丰富的美术教育学习资源。二是信息化手段丰富美术教育活动形式,可以收到很好的教学效果,用更简单清晰的方式融于生活化教学。三是信息化手段具有交互性特点,能促进师生之间有效地双向交流。美术是一门造型艺术或叫作视觉艺术,每一节课都离不开具体的、可视的形象。图像的视觉效果,往往直接影响美术教学的质量。充分利用信息化手段可以掌握大量直观且有趣的教材,让学生更直观地感受美术教育的生活化。

美术课堂上会放很多视频以及有趣的动图,能引起孩子们的兴趣,也能更好地贴近生活,这说明科技的发展影响教育现代化的发展。利用信息网络技术可以查找大量辅助资料,通过运用各种软件并配上音乐,能发挥信息化手段的趣味性,使学生在直观形象的趣味活动中获取知识,直观地贴近生活,激发求知欲,保持浓厚的学习热情,这样可以更有效地引导学生寻求新的和不同的创造性思维。我也对一些常用、流行的软件进行了整理分类,供大家参考。

1) 有道笔记:最快捷的记录想法、事件、随手拍照的资料;

2) TED 演讲:教师开阔眼界、提高自我学术素养的 App,集齐了众多科学、设计、文学、音乐等领域的杰出人物,分享他们关于技术、社会、人的思考和探索。

这些软件都能有效地帮助教师们,也是广大教师的良师益友。

当然,除了信息化技术让我们更能融于生活化教学之外,美术课上我也融入很多现代化常用的教学手段,让学生认识生活,在生活中运用,达到源于生活、服务于生活的目的。比如手机摄影课,智能手机是当今社会全民大众必不可少的移动终端,有着小巧、实用的优势特点。学习手机摄影,学生可以进一步认识手机相机、了解构图的美、探索手机摄影隐藏技巧,对于促进学生观察视野的开阔、提升学生的人文素养,以及满足学生个性化发展等,都有着显著的推动

作用。当然这种随手拍摄记录生活的需求,分享生活的速度,更能适应当今社会快节奏的需求,贴近我们的生活。再比如,七、八、九年级的《美术》课本都有课程学习电脑绘画P图等技术,这些都离不开信息化。信息化便捷来源于生活的美,也能更好地展现生活的美,方便学习的美,在开阔学生视野的同时,也能培养学生发现美德的能力,培养学生善于观察世界和感知世界的习惯,促进学生综合素质的形成和多方面能力的发展。多媒体的精美画面和生动形象以及手机摄影课等,可以帮助学生从生活之便来理解美术作品的内涵,提高学生的审美情趣,激发学生的学习兴趣。因此,在初中美术教学中,教师可以利用信息化的教学方式,让美术课堂生活化,让学生在真实的情境中获取美术知识,让美术与生活实现完美结合。

三、引导学生实践生活,以跨学科扩大学生学习平台

前面曾提到 TED 演讲的 App,里面收集了文学、音乐、科学、设计等领域杰出人物事迹的分享,多学习其他领域的知识能更好地促使美术与其他学科的融合,打破学科界限堡垒。实行跨学科教学,这并不是单纯的学科与学科之间的生拼硬凑,而是突出强调美术学科,通过其他学科解决学习美术过程中遇到的问题,在学科与学科之间找到交融点。运用综合性的教学方法解决课堂中的知识点以及问题,可以丰富课程内容、课程形式,有助于提升美术教学的实效性,提高学生们对学科知识的掌握程度。

比如"水墨汉字的创造设计"可以运用语文和历史知识,将古代文字、水墨和现代设计相结合:(1)美术:水墨渲染,汉字创意变形;(2)历史:中国古代汉字发展史;(3)语文:中国古代汉字的识读,学生发挥自己创造性,获得有趣的汉字学习同时,增加了各学科的知识(见图2-9)。或者"门环设计",以北京故宫门环为例,可以利用地理中的地域知识,为孩子们提供广阔的创作空间,帮助学生增强中国传统文化意识,了解我国国都,增强热爱地理的情感。再比如,与其他人文学科相结合,激发学生的创作灵感,通过人文学科之间的性质不同,寻求其共同点,与音乐相结合时,可以把线条的长短、粗细、点与线的相结合,用美术表达所听到的音乐的感受,与拓展课电影相结合,可以将电影中某一画面转换成动画的形式表现出来。探究"达·芬奇",可以将他的作品与数学知识相融合,作为数学的延伸,学习客观评价艺术作品的能力,通过学习让学生们了解达·芬奇的绘画作品,并尝试运用自己的语言去欣赏描述达·芬奇的绘画作品,

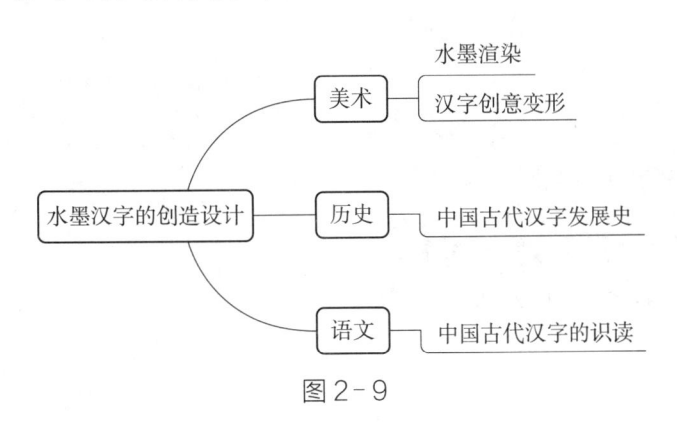

图 2-9

艺术属于文科的范畴,很难找到理科和文科的交集,欣赏达·芬奇绘画作品,试图用理科的知识融入文科教学,辅助艺术教学,可以帮助学生更好地了解佛罗伦萨画派绘画特点。再比如"线条构建空间",有一款游戏叫作"纪念碑谷",便是利用埃舍尔的矛盾空间为灵感创作出来的,构成了一个不可能世界。我通过游戏巧妙运用数学原理帮助学生理解埃舍尔的绘画作品,通过几何原理调动学生参与学习的热情,引导学生从多个角度思考问题、解决问题,学生在接触多方面知识的同时拓展了思维能力。通过跨学科学习教育,教师鼓励学生运用各科知识与艺术作品相结合,进行思维训练,大胆创作艺术,提出自己的问题与想法,培养自主学习能力。

当然美术与上述有关学科之间可以融合外,也可以和德育等生活实践活动课相融合。我是美术老师也是班主任,我将中国文化传统融入班会中,从学生的作品中可以看到学生对于美术与其他学科融合学习的极大热情,学生完成制作绘画后,将作品展示在班级的墙面上,这很好地激发了学生的学习兴趣,也使他们对中国传统文化有了进一步了解。依据中国的每个节日的情境,积极探索跨学科教学新的美术教学模式,可以帮助学生获取综合知识,更加了解和热爱我国传统文化。比如元旦,"福字设计"可以运用语文的汉字识读和美术的设计;比如"创作年画鱼",可以和生命科学课中鱼的解剖结构相结合,了解鱼的结构再进行夸张绘画,并展示班级墙面(见图2-10);比如元宵节,可以结合灯笼由来和美术花纹绘画进行设计;比如"刻纸——十二生肖",结合班会"中国传统文化",对文化进一步了解,打造班级文化(见图2-11、图2-12、图2-13)。利用美术资源,充分地打造高品质的班级文化,让班级文化更好地服务

图2-10  图2-11

图2-12  图2-13

于教育需求,也让学生在班级活动中学习美术及其他学科,挖掘文化蕴含的民族精神,展现课堂活动的魅力。

结语

真正的美术课堂应该是促进生命逐渐觉醒和显现,应该是学生发现自己的艺术潜能的地方,应该是学生融入生活的兴趣来源。当学生走出课堂,他们不仅仅获得艺术的专业知识,而且还会获得艺术创造的能力,生活和各学科的融入,以及创造美好生活的理想,我们的课堂才会焕发生命的活力,永远展现它生命的意义。

参考文献

[1] 周丽云.初中美术生活化教学的实践思考[J].甘肃教育,2015(11).
[2] 李小龙.初中美术生活化教学途径探析[J].教育(文摘版),2016(4).
[3] 刘琦讳.智能手机在美术教学中的应用研究[J].文化创新比较研究,2019,3(9):87—88.
[4] 杜芳.初中美术跨学科教学探析[J].中国校外教育,2011.7.

牛津英语教学中培养科学素养的研究

龚华蓉

摘要:英语学科作为一门工具学科,在经济全球化不可逆转的今天,教学中培养学生的科学素养,提升初中学生对科学知识的整体性认识和思辨能力,显得尤为重要。论文通过理论和教学实践的形式对初中牛津英语教学中如何培养学生的科学素养进行研究,进而提出在初中牛津英语教学中培养学生科学素养的教学策略。

关键词:初中;牛津英语;科学素养

随着科学技术的突飞猛进,为上海建设成有全球影响力的科创中心培育未来科创人才,已经成为教育教学面临的重要任务。在初中英语教学中培养学生科学思维习惯和科学交流表达能力,用科学思维打开中学生创造性智慧,是我们教师的任务。

一、什么是科学素养?

国际上普遍将科学素养(Scientific Literacy)概括为三个组成部分,即:了解科学知识;了解科学的研究过程和方法;了解科学技术对社会和个人所产生的影响。

我们有必要对这个概念做简明清晰的表述,简单来说就是:

科学素养 = "科学知识" + "科学视角/思维方式" + "科学与工程实践能力"。

在初中英语教学方面,怎样培养学生的科学素养,已是许多教师关注的重点。要实现这个教学目标,教师不仅要在客观上遵循教学规律,还应该在主观上积极地调动学生对学习的主动性。利用多种教学方法,指导学生大胆实践,发散思维,勇于创新,提升知识和能力。

(一)了解科学知识

教材资源仍然是我们开展教育教学活动的主要载体。在引领学生生成思维能力时,我们要注意实现"用教材"。《初中牛津英语》教材中的短文包含部分基础知识和拓展内容。开展课堂教学时,教师可根据这些短文的结构类型,让学生分析其框架结构、逻辑关系。在《初中牛津英语》教材中,尤其是八、九年级的英语教材中,有大量的有关科学知识的说明文,如 8AU4 *Numbers*/U5 *Encyclopaedias*/8B*Module* 1 *Nature and environment*/9AU4 *Computer*

Facts / U5 *Memory*，教师就应充分利用教材，用英语传授科学知识，讲好科学原理。

我们在确立了教材资源的主体定位之后，还需要整合其他相关资源。毕竟我们现在具备了信息技术这一教育工具。8AU7 *More practice — Nobody knows* 一文讲述了1947年发生在美国的"罗斯威尔事件"。正好BBC有个纪录片更详细地介绍了这个事件的背景及各目击者的叙述。引用播放这个纪录片，就能更好还原事件真相，利于学生对该事件有个全面科学的判断。

（二）了解科学的研究过程和方法

随着科学技术的发展，今后需要有效地借鉴科学技术知识，才能解决公共政策问题，科学技术决策的民主化进程与公众科学素养水平的提高具有密切的相关性。从这一意义上说，这项研究为我们提供了公众科学素养的量化数据。对科研方法的了解关乎人的综合素质。卡尔·萨根说过："科学方法似乎毫无趣味、很难理解，但是它比科学上的发现要重要得多。"国际科普理论学者认为，科学方法是科学素养中最重要的内容。

在牛津英语教学时，在8AU5 *More Practice — Scientist discovers a sixth sense* 一课中，作者介绍了一个证明存在第六感的实验，从实验准备到实验过程都有很详细的介绍。但实验结果是引发争议的。有些科学家并不认同这个结果。这就需要教师引导学生思考，怎样的实验结果才是无可辩驳的，从而掌握科学的研究方法。

教师在讲到语法中的被动语态时，应适时补充在科普英语中，当我们在强调实验本身的步骤和结果时，而不在乎实验操作者时，常用被动语态。例如，A test tube was put in the freezer。因此，科学类论文经常是用被动语态的。

在教授8AU5 *Encyclopedia* 这一课时，教师不仅教授《百科全书》中关于恐龙、熊猫等这一类的自然科学知识，也要教会学生怎样从《百科全书》中快速搜寻所需资料。教师还可以适时引导学生发现《百科全书》这一类文本的特征是什么、遣词造句有什么特点、读者对象的差异、运用到哪些写作手法、写作的顺序一般是怎样的。学生掌握这些《百科全书》条目的写作要素后，教师可提供一些收集到的资料，让学生试图用所学《百科全书》文体编写一个儿童百科全书条目，从而掌握这一类文体的写作方法。

（三）科学与工程实践能力

在《初中牛津英语》教材中，尤其是六、七年级的英语教材中，有大量的科学小实验，例如制作水船，观察水的三态变化等。网上也有许多这些实验的短视频。在播放实验前，教师可以适当引导学生猜想和预测将要进行的实验现象以及实验的发展过程，然后再开始实验和观察。在观察时，学生必然会产生疑问，这时教师可以用实验分析来解答学生的疑问，可以先设计问题的解决方案，然后通过观察实验现象来为学生解答。例如，在实验前提出问题，实验的目的自然伴随着问题而逐渐清晰。教师和学生共同分析方案，这种方式可以间接地将观察和思考的主动权交给学生,这个过程可以培养学生的分析和观察能力。这些简单的小实验,不仅活跃课堂气氛,也能激发学生对科学原理的探究。在实验步骤上,教师要故意打乱次序,让学生根据现象做分析推断,根据逻辑关系排序并填入合适的连词,这样既锻炼了思维,也是培养学生探究意识的绝佳途径。

二、英语教学中提高学生科学素养的策略

为提高初中学生的科学素养,激发其潜能,构建面对未来的核心能力,我们需要在英语教学中培养科学思维,即学生在学习英语语言的同时,形成并运用于科学认识活动、对感性认识材料进行加工处理;在认识的统一过程中,对各种科学的思维方法进行有机整合。科学思维是一种认识世界的思辨模式和逻辑规则,也就是连接理论和实践的桥梁。要提高科学思维能力,让学生能自主总结和发现事物的规律。

在科学认识活动中,科学思维必须遵守三个基本原则,它们是:在逻辑上要求严密的逻辑性,达到归纳和演绎的统一;在方法上要求辩证地分析和综合两种思维方法;在体系上,达到理论与实践的统一。因此,作为英语教师,我们应做到以下几个方面。

(一) 英语课堂开展创造性思维训练

在初中英语教学中,教师应改进课堂教学,创新教学的氛围,营造一种有利于激发学生创新精神的民主、和谐、宽松、愉悦的学习氛围,帮助学生形成和发展创造性思维。把培养创新思维能力融进听说活动是一个行之有效的方法。听是接受性活动,但同样可以培养创造性。例如,听了一篇短文,教师要求学生把听到的内容用对话形式表达出来;比起 dictation 来,更能调动学生的积极性,更能培养发散思维能力。

在一般课堂教学中,班级授课制教学有利于教师高效率地向全体学生传播知识,但却不利于学生的相互作用及发展学生独特的思维风格。因此,创造性思维教学应采取集体教学与分组教学相结合的形式。小组活动可以这样安排:教师创设问题情境,学生独立思考、实践或探究发现,在做好准备的基础上,开展结对子或小组讨论或其他活动,进行交往合作学习。结对子活动能给予学生面对面交谈和独立运用语言的机会,产生信息的交流,并且在双方的交互活动中获得反馈,给予修正。小组活动能使班上更多的学生在同一时间内投入活动中去,在讨论中迸发思维火花,使学生觉得更自由,有更好的机会说他们想说的话,也就更能发挥自主性,从而发展学生的创造性思维。

创造性思维的培养并非短时间可以完成,它需要一个熟能生巧的过程,同时也离不开教师的认真培养。心理学专家吉尔福的观点是:"创造力是一种心理活动,它来源于发散思维。"教师应当摆脱传统认知的一些束缚,勇于开拓思路。所以在教学中,教师往往需要在已有的定式思维上,着重培养学生的新奇感和创新思维。在 7BU4the grasshopper and the ant 中,在传统教学思维中,我们常常灌输给学生,蚱蜢懒惰,冬天就没东西吃。但如果教师在教学中追问,蚱

蚱蜢身上有什么优点值得我们学习,就可点燃学生的发散思维:"蚱蜢知错能改,蚱蜢有好朋友蚂蚁的帮助……"

(二)积极培养学生逻辑思维能力

逻辑思维能力的基础是分析能力。在学生拥有语言体系之后,在学生搜集到丰富的信息资源之后,我们可以发现,学生最需要应用的也是分析能力。在引领初中学生科学思维的过程中,我们要注意将分析能力的养成作为基础。如 Nobody knows "罗斯威尔事件"中的五个证人证词,我们要共同分析相互印证的地方,"谁看见了宇宙飞船,谁看见了外星人。哪些是直接证据;哪些是间接证据,从而不可轻信。这些现象有其他可能性吗?"这样可以锻炼学生的分析能力。

在 7AU4 Ben's Accident 中,教师讲解完文本后,再去进行 Retell 或 Role play,只是把内容重现一下,似乎不太可能激发他们积极思考。如果改为要求学生联系自身,进行情境假设,回答若自己在场会怎么做,那么效果会更好,教师要让学生理性表达,不限制其思维,但是要解释其行为的原因。这样不仅训练分析能力,也训练了逻辑思维能力。

概括能力也是逻辑思维能力的重要部分。在学习的过程中,学生不能仅仅"复制",还需要不断地"整合"。也就是说,新知识要想融入学生的知识体系,还需要概括能力做支持。学生只有不断地"搜集"、不断地"辨析"、不断地"归纳",才能把外在的资源转变为内在的能力、素养。

讲解完 8AU7 Nobody wins 一课,教师提问:"What are the personalities of each character?"引导学生对文本内容进行总结、归纳,并以表格形式展现信息内容,这样比较清晰,对学生的视觉有强烈的思维冲击,使教学内容一目了然。学生要完成这一任务,需要深入理解教材文本,分析人物性格,调动已有的知识结构对教材文本进行重新梳理,进行语言重构,概括出 King、Peters 等角色的人物性格。

(三)善于引导学生质疑

敢于质疑是创新的前提,形成真理的关键因素在于善于思考,并且能从思考中找到疑问,然后从疑问中大胆探求知识的奥秘。在此期间,我们也可以认识到事物的许多客观规律。在教学中,在课堂交流中,我们应该创设条件,鼓励学生质疑,引导学生对课堂所展示的内容进行合理质疑,在适当范围内允许学生自由理解。学生在知识探索中,难免会出现错误,对此教师应当正确对待,端正态度,不能给学生以不受重视的感觉,甚至放弃对知识的创新欲望。

比如,在 9AU1 的 More practice 一课中,就有学生提出课本插图有错。阿基米德是希腊科学家,可是文章的配图却标注的是罗马数字。结合 8A 时学过的 Numbers 一课,教师就应大大表扬他,称赞他不迷信课本,这样就鼓励了学生的质疑精神。

又如,在 8AU6 More Practice — Aliens land on our world 一课中,在读中活动中,教师先将主要情节的句子次序打乱,让学生将故事情节排序,排序后再快速阅读故事来检测排序结果。这一过程实际是自我质疑的过程,也在无形中激发学生产生自发主动阅读的要求。然后利用找读来找寻特定的文本信息。此外,特定的信息紧扣文章标题中"Aliens land on our world"中"Aliens"和"our world"信息对比,在找寻过程中给予学生一定的思考空间。学生对于文中外星人的外貌开始产生怀疑。在质疑中,学生提出猜测:两个所谓外星人是来自地球的宇航员,而主人公并非地球人。为证实猜测,学生再次阅读文本找寻相关信息验证。验证结论彻底颠覆了学生在本堂课最初的观点。最终,学生在深入阅读和信息对比中感悟文本中心思想:"alien"是相对概念。对于陌生的不了解的人,大家互为外星人。这样就挖掘了思维的深度。

(四) 鼓励学生通过大胆假设来调动学生的想象力,拓宽思维广度

发散性思维作为创造性思维的主要表现形式,是较高层次的思维方式。心理学研究结果证明,每一个健康的人都拥有去创新的潜力,不过把转化潜在的创造力为显现的创造力,一定要激发潜能和无形的创造能力。教师应当善于营造课堂的氛围,鼓励每个学生勇于提出自己的见解。

例如,在牛津教材 8AU7 More practice — Nobody knows,本文是拓展阅读,是关于科幻题材中经久不衰的主题——飞碟和外星人——的内容。五位所谓目击者在文中讲述了他们各自看到的情景。

8A 中的第六、第七单元都以太空和科幻为故事主线,为学生提供了丰富的想象空间。而本文更是进一步激发学生对未知事物的好奇。Nobody knows 这一课的标题本身就为想象留下了极大的空间。因此,文章的设计是在假设中使学生获得信息,又在不断的否定假设中培养学生的想象力。

通过略读和细读,学生初步了解 the Roswell Incident、In 1947 和 5 witnesses,而且在细节上了解五个"目击者"不同描述。问题"What might have happened to the UFO?"拉开了想象的幕布,而问题"What happened to the aliens?"更使学生想象力有了落脚点。

在通向最终目标任务 Nobody knows 时,展示以下图形(见图 2-14)。

图形具有想象的空间,而带有省略号的思维图更是把学生带入了无限想象的空间地带。所以,教师应该善于和发现其中的创造思想并加以引导和培养,为学生设计思考问题,运用各种手段,充分地调动他们的积极性。

结语

总而言之,在初中英语教学中,教师不仅是教授语言知识,还应该注重相应的思维品质的培养,更要关注培养学生的科学思维、逻辑思维、创新思维和科学交流表达能力,从而全面提高初中生的科学素养。

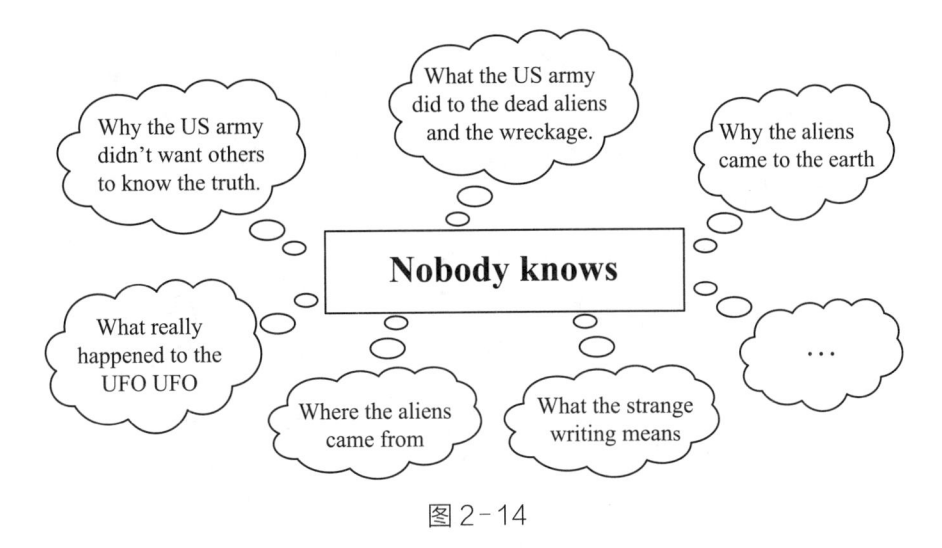

- Why the US army didn't want others to know the truth.
- What the US army did to the dead aliens and the wreckage.
- Why the aliens came to the earth
- What really happened to the UFO UFO
- Where the aliens came from
- What the strange writing means
- ...

Nobody knows

图 2-14

校本课程

篮球拓展课

仲 刚

课程背景

　　体育课程是中小学阶段的基础性课程,它承担着培养学生健康体魄及其心态的重任,它对增强国民素质,促进学生身心的健康发展起着不可代替的关键作用。在小学尝试开展篮球运动,旨在"健身育人",更好地实践以学生发展为本的课程理念,实践从"竞技体育"向"健身体育"的转变,形成课内加强、课外延伸的"体育与健身"课程的新格局。

　　篮球运动是以手(脚)部动作、身体练习和思维活动、集体主义、道德观培养紧密结合为特征,以提高学生动作的协调、身体的强悍、反应的机敏、作风和意志的顽强、坚韧等能力素养为目的的一项活动,具有鲜明的基础性、健身性和综合性,对提高学生的综合素养、促进学生身心发展起着积极作用。篮球拓展课包括理论课和实践课两部分。篮球运动能促使人体的力量、速度、耐久力、灵活性等素质全面发展。本课程在规定的学时内,对学生实施全面而系统的篮球基本理论、篮球基本技术与战术的教学,篮球基本的裁判知识学习,使学生在篮球技术战术上有一个提高,并且能初步进行简单的篮球裁判工作,并结合思想道德教育、体育健康知识的学习与身体素质练习,培养学生的集体主义思想和拼搏精神,全面提高学生的体能和观察分析能力,奠定良好的终身体育的理念。

课程目标

　　在教师的指导下,让学生了解篮球运动的基础知识,尝试学习运、传、接、切、突、跑、投、防等技术特点和动作要领,在运动中逐步形成专注、勇猛、机敏、坚毅的个性品质。该课程主要是通过篮球理论学习和篮球信息的采集交流,对篮球这门课程有一个全面的了解。通过亲身体验,学生可以掌握篮球运动的学习方法,掌握好正确的投篮手型、熟练的篮球球性、良好的战术素养,可进一步提高篮球运动水平。篮球运动是一项集体项目的运动,团队合作是篮球运动的灵魂,因此学生在学习打篮球的过程中可增强团队合作精神。

课程内容

介绍世界篮球运动的起源和发展,教授篮球运动的基础知识和基本技能,组织和开展适应并促进学生身心发展的技术训练和专项训练。

课时安排

具体教学安排见表3-1。

表3-1 篮球拓展课教学安排

周次	教学内容	备注
1	运球:原地左右手运球过渡到行进间运球	
2	传球:原地胸前传接球、原地单手肩上传接球	
3	单双手传接球:进行各种方法的传接球练习	
4	原地肩上投篮:近距离原地肩上投篮、中远距离原地肩上投篮	
5	原地肩上投篮:有防守情况下运球突破原地肩上投篮	
6	行进间上篮:不同距离的运球行进间上篮	
7	行进间上篮:不同距离的运球行进间上篮	
8	传切配合:没有防守的两人传切上篮练习、有防守的两人传切上篮练习	
9	传切配合:全场推进的传切上篮练习	
10	二攻一配合:半场推进的二攻一练习	
11	二攻一配合:全场推进的二攻一练习	
12	一防二个人防守技术:半场推进的一防二练习、全场推进的一防二练习	
13	个人投篮比赛;运球上篮比赛;五点投篮比赛	
14	三攻二	
15	三攻二	
16	小组联赛	
17	小组联赛	
18	考核	

教学方法

(一)掌握基本功(时间4—5周)

通过课堂上的学习,学生掌握篮球的基本功:传接球、运球、定点投篮、跑步上篮等。有教师讲解动作要领和基本方法,学生进行练习,使学生在多次的练习中,形成动力定型,能在平时的练习中,熟练地运用和使用多种基本动作。

(二) 掌握基本战术（时间 5—9 周）

通过课堂教学和理论学习,学生在篮球比赛中能简单地运用一些基本的战术:二过一、三打二、突破传球、三分球战术等。

(三) 实践比赛（时间 2—3 周）

通过教学比赛,将在课堂上所学知识进行简单的应用,使学生学会如何在平时的体育锻炼中进行简单的篮球比赛。

(四) 技术单元（强化体前、背后、胯下、转身运球、一对一持球突破）

考核半场运球投篮,半场三对三战术单元(正、反、假掩护),考核三人半场教学比赛战术。二人基础战术配合,学习传切配合、突分配合、掩护配合和策应配合。

课程评价

通过教师的考核和学生的比赛实际情况,进行综合考核。

"彩色铅笔静物画"课程方案

沈忠妹

◆ 校本课程总方案

一、课程概况

该课的课程概况见表 3-2。

表 3-2 "彩色铅笔静物画"课程概况

总课题	彩色铅笔静物画 工具和材料的选择对美术教学的影响是非常大的。本人经过不断的尝试和反复的比较，感到彩色铅笔是一种很好的工具，它能表现画面中许多细腻的小细节，绘画作品色彩柔和，可以叠加变化，能表现所画物体色彩和质感。这个特点适合画幅不大、画面精致，需要较细致地刻画的作品。			
选题说明	彩色铅笔是所有学生都很熟悉的铅笔，从幼儿园、小学、初中都曾经使用过，可把它用得恰到好处，表现得淋漓尽致，实在是少之又少。大部分学生拿彩色铅笔用它来平涂颜色，很少会想到用彩色铅笔能这么深入地表现物体，因此想通过这样的实践，让学生经过有效的练习更深刻地了解彩色铅笔，从而形成深入挖掘工具表现潜力的思维品质。			
课程目标	彩色铅笔练习能进行审美的体验，激发学生深入探究绘画工具材料的兴趣外，还有利于耐心细致的学习习惯的形成，彩色铅笔的画法可以体现一个人的耐心与毅力，从而形成深入挖掘工具表现潜力的思维品质。			
执教年级	预备年级			
执教场所	美术室			
分课题	分课题名称	主要内容	拟上课时间	课时安排
课题一	欣赏彩色铅笔画 画苹果	用铅笔练习画苹果，表现出立体感	第八节	1

续表

分课题	分课题名称	主要内容	拟上课时间	课时安排
课题二	彩色铅笔画的技法——画鸭子	通过教师在黑板上对步骤图的分解，学生跟着教师一起画，直观地看到了教师的演示，学生能明白如何用笔和排线	第八节	1
课题三	写生玩具	请学生们带自己喜欢的玩具，学生纷纷表示要画自己的玩具，教师当然要有选择地摆静物，既要考虑学生的学习水平，又要让大部分同学喜欢，这样才能达到教学的效果	第八节	2
课题四	用彩色铅笔临摹比较复杂的食物照片	有各种各样的食物，如鸡蛋面、牛肉面、寿司、盖浇饭、披萨、冰激凌、蛋筒等等，把这些食物图片复印成照片，发给每位学生画，学生对这些有造型美感的食物很感兴趣	第八节	4

二、课程作业

用彩色铅笔练习画苹果，表现出立体感。课题《画鸭子》，能让学生明白如何用笔和排线。课题《写生玩具》的实践过程中，教师既要考虑学生的学习水平，又要让大部分学生喜欢，这样才能达到教学的效果。最后用彩色铅笔临摹比较复杂的食物照片，学生对这些有造型美感的食物很感兴趣。

1. 评价原则

发掘学生潜能，满足学生需求，建立学生自信，推动师生发展。

2. 评价方式

充分利用美术课结束前的5分钟，展示学生艺术作品，引导学生参与自评、互评和教师评价总结、作业检查等等。

◆ 校本课程分课时方案

第一课时

课题一　画苹果

一、教学目标

知识与技能：教会学生真正地能够观察实物、构图、打轮廓、塑造大关系、深入刻画、整理完成。

过程与方法:采用排线的方法画苹果,绘制时注重虚实关系的处理。

情感与价值观:注重线条美感的体现,塑造苹果的空间感和立体感。

二、教学重点

表现苹果的质感。

三、教学内容

采用排线的方法画苹果,绘制时注重虚实关系的处理。

四、教学过程

1. 欣赏不同水果组成的静物素描。

2. 教师演示苹果。

3. 分析讲解苹果的明暗关系,以及三大面五调子的处理。

五、作业

用铅笔练习画苹果,表现出立体感和空间感。

六、评价方式

引导学生参与自评、互评和教师评价总结。

第二课时

课题二 画鸭子

一、教学目标

知识与技能:欣赏教师完成的鸭子作品,分解线条的排列。

过程与方法:教师通过在黑板上对步骤图的分解和演示,教会学生使用彩色铅笔。

情感与价值观:感受彩色铅笔所带来的线条排列的美感。

二、教学重点

鸭子的造型比例和表现鸭子羽毛的质感。

三、教学内容

教师在黑板上对步骤图的分解和演示,教会学生使用彩色铅笔。

四、教学过程

1. 欣赏不同动物的彩色铅笔作品。

2. 展示教师预先画好的鸭子分解图。

3. 教师演示鸭子,边演示边讲解分析。

五、作业

用彩色铅笔画鸭子。

六、评价方式

引导学生参与自评、互评和教师评价总结。

第三课时

课题三 写生玩具

一、教学目标

知识与技能：学会整体观察对象以及受光面和背光面的处理。

过程与方法：利用排线和渐变的方法画玩具。

情感与价值观：体会写生玩具的真实感，把这种美感带到生活中。

二、教学重点

写生玩具的形体比例正确。

三、教学内容

利用排线和渐变的方法画玩具。

四、教学过程

1. 分析和比较那些玩具适合入画，选择性地画。

2. 教师演示写生的玩具。

3. 请学生上黑板演示玩具的局部，以便了解学生的掌握情况。

五、作业

写生适合入画的玩具。

六、评价方式

引导学生参与自评、互评和教师评价总结。

第四课时

课题四 临摹彩铅食物照片

一、教学目标

知识与技能：掌握食物结构的复杂性，分析食物的虚实关系的处理。

过程与方法：选择自己喜爱的食物照片进行临摹，先进行铅笔稿描绘。

情感与价值观：食物的真实感带给学生一种视觉享受，学生跃跃欲试。

二、教学重点

每种食物的质感和比例的把握。

三、教学内容

选择自己喜爱的食物照片进行临摹，先进行铅笔稿描绘。

四、教学过程

1. 展示各种食物照片，让学生选择自己喜欢的。

2. 根据学生要求，教师黑板演示，可以是局部，也可以是整体演示。

五、作业

临摹彩铅食物照片。

六、评价方式

引导学生参与自评、互评和教师评价总结。

"跟着电影去旅行"课程方案

高翊瑄

◆ 校本课程总方案

一、课程概况

表3-3 "跟着电影去旅行"课程概况

总课题	跟着电影去旅行			
选题说明	电影作为一门艺术门类，在人们的生活中扮演着不可或缺的角色。这种艺术形式整合了文学、音乐、美术、舞蹈等各种艺术门类，采用了声、光、电等各种现代化手段。学生提高审美能力的同时，还能获得许多地理小知识。经调查，学校大部分同学都喜爱看电影，却只把它当作寻求刺激、放松心情的工具。但不可否认的是，对学生来说，鉴赏一部好电影，其价值不可估量			
课程目标	1. 了解影视艺术的历史发展简史； 2. 看完影片，能大概说出故事情节，能对其中的人物做出简单评价； 3. 挖掘其中地理知识，开阔眼界； 4. 利用优秀电影促进学生综合能力的培养和正确的价值观； 5. 提高文化品位、审美鉴赏水平，增强人文素养			
执教年级	预备、初二年级			
执教场所	录播室			
分课题	分课题名称	主要内容	拟上课时间	课时安排
课题一	电影概述：影视的起源和诞生	了解影视的有关知识、拍摄的艺术手法和影视艺术的欣赏评价方式		1
课题二	欣赏佳作：《伴你高飞》	充分运用多媒体教学展示影片		2
课题三	影评交流、角色扮演	引导学生从镜头拍摄角度、人物形象、表演者表演方式等去点评这部电影。通过角色扮演的形式，挖掘更深层次的人物情感和电影内涵		1

续表

分课题	分课题名称	主要内容	拟上课时间	课时安排
课题四	云游拍摄地：加拿大	小组合作汇报：从电影的角度出发，知道加拿大的地理位置、自然特点和人文特点，拓展学生视野		1
课题五	影视讲解：种族主义	了解种族主义和相关运动发展		1
课题六	欣赏佳作：《绿皮书》	充分运用多媒体教学展示影片		2
课题七	影评交流	引导学生从人物形象、剧情、平权运动等方面去点评这部电影。通过小组讨论的形式，总结并反思更深层次的电影内涵和教育意义		1
课题八	云游拍摄地：美国	小组合作汇报：从电影的角度出发，知道美国的地理位置、自然特点和人文特点，拓展学生视野		1
课题九	影视文化讲解：动画电影	了解动画电影发展过程，了解动画电影有关知识、制作手法和代表作品		1
课题十	欣赏佳作：《寻梦环游记》	充分运用多媒体教学展示影片		2
课题十一	影评交流	引导学生从人物形象、文化、剧情等方面去点评这部电影。通过小组讨论的形式，总结并反思更深层次的电影内涵		1
课题十二	云游拍摄地：墨西哥	小组合作汇报：从电影的角度出发，知道墨西哥的地理位置、自然特点和人文特点，拓展学生视野		1
课题十三	影视讲解：道德困境	了解道德标准与困境		1
课题十四	欣赏佳作：《我不是药神》	充分运用多媒体教学展示影片		2
课题十五	影评交流	引导学生从人物形象、剧情、道德标准等方面去点评这部电影。通过小组讨论的形式，总结并反思更深层次的电影内涵和教育意义		1
课题十六	云游拍摄地之一：印度	小组合作汇报：从电影的角度出发，知道印度的地理位置、自然特点和人文特点，拓展学生视野		1

续表

分课题	分课题名称	主要内容	拟上课时间	课时安排
课题十七	影视文化讲解：中国文化对电影的影响	了解中国文化对华语影视作品与西方影视作品的影响与区别		1
课题十八	欣赏佳作：《末代皇帝》	充分运用多媒体教学展示影片		2
课题十九	影评交流	引导学生从人物形象、历史事件、传统文化等方面去点评这部电影。通过小组讨论的形式，总结并反思更深层次的电影内涵和近代中国的历史进程		1
课题二十	云游拍摄地：北京	小组合作汇报：从电影的角度出发，知道北京的地理位置以及该地理位置作为首都的重要性，从经济、政治、农业等各方面拓展学生视野		1
课题二十一	影视讲解：生态保护	了解生态保护的重要性与实现有效生态保护的难点		1
课题二十二	欣赏佳作：《可可西里》	充分运用多媒体教学展示影片		2
课题二十三	影评交流	引导学生从人物形象、剧情、现实状况等方面去点评这部电影。通过小组讨论的形式，总结并反思更深层次的电影内涵和教育意义		1
课题二十四	云游拍摄地：青海	小组合作汇报：从电影的角度出发，了解青海的地理位置以及该地理位置的特殊性		1

二、课程作业

活动前，让学生搜集有关资料，简单谈一谈自己对有关地点的认识。欣赏完电影之后，自选角度写一份影片鉴赏点评。选取其中片段，学生角色扮演，感受人物特点和情感。小组合作汇报影片中某一重要历史事件并总结其影响。

三、课程评价

1. 评价原则

这次活动设计了学生自评、同学互评、小组评价和教师点评，通过多样化的评价，提高了学生对电影的鉴赏能力，进一步培养了学生们的表现力、表达能力和小组合作意识。

2. 评价方式

学生自评是学生介绍自己的作品并进行反思评价等。同学互评、小组评价主要是通过他评总结经验,指出不足,加以改正并培养多维的思维方式。教师点评是对学生作品进行较全面的评析,并对表现好的学生及时表扬,激发他们主动探究和思考的欲望。

◆ 校本课程分课时方案

第一课时

课题一 电影概述:影视的起源和诞生

一、教学目标

1. 了解中外影视发展史、影视的艺术特征、影视艺术的评价方式等;

2. 初步掌握影视艺术审美特征、审美基础和审美鉴赏的基础知识、理论;

3. 能够运用基础知识和理论对电影进行简单点评。

二、教学重点、难点

影视的艺术特性、影视艺术的欣赏评价。

蒙太奇和长镜头;影视的画面、声音、表演欣赏。

三、教学过程

1. 导入:播放卓别林的无声喜剧电影。

2. 新课:(1)认识电影:中外电影发展史(初创、成熟、创新、多元化发展四个时期)。

(2)单点评对自己印象最深刻或者影响最深的影视作品。

(3)电影美学思潮与流派。

(4)影视鉴赏的声画元素。

(5)蒙太奇与长镜头。

(6)运用所学知识完善之前的点评。

3. 总结。

4. 作业:写一篇较为完善的影评,下节课分享。

第二课时

课题二 欣赏佳作:《伴我回家》

一、教学目标

1. 能够运用基础知识和理论对电影进行简单点评。

2. 通过观看影片,增强环境保护意识;培养面对困难、永不言败的精神。

二、教学过程

1. 导入:点评上节课的作业。

2. 新课:(1)简单介绍影片故事背景。

(2) 影片欣赏,重点角度暂停。

(3) 小组讨论:写出人物关系和情节报告,理顺故事的发展进程。

3. 总结。

4. 作业:小组合作,写一份完善的影评并选取五分钟左右的片段,背诵台词并表演。

第三课时

课题三　影评交流、角色扮演

一、教学目标

1. 能够运用基础知识和理论对电影进行综合点评。

2. 通过角色扮演,挖掘更深层次的人物情感和电影内涵,进一步培养表现力、表达能力和小组合作意识。

二、教学过程

1. 导入:点评上节课的作业。

2. 新课:(1)小组角色扮演,学生自评互评,教师评价。

(2) 从学生的对话中,分析人物情感,挖掘电影更深的内涵。

3. 作业:(小组汇报)拍摄地加拿大的自然、人文地理特点。

第四课时

课题四　云游拍摄地:加拿大

一、教学目标

1. 知道加拿大的地理位置、自然特点和人文特点。

2. 拓展视野,提高文化品位、审美鉴赏水平。

二、教学过程

1. 导入:展示加拿大当地风景、人文、美食图片。

2. 新课:小组按顺序汇报,并说出小组分工。

3. 总结:加拿大位置、自然地理、人文地理特点。

4. 作业:制作加拿大电子、手绘小报。

第五至二十四课时略

"校园地理探秘"课程方案

徐 丽

◆ 校本课程总方案

一、课程概况

表3-4 "校园地理探秘"课程概况

总课题	校园地理探秘			
选题说明	地理（Geography），是世界或某一地区的自然环境（山川、气候等）及社会要素的统称。"校园地理探秘"是指以校园为活动范围，在校园内探究校园自然环境（校园植被、水文、气候等）及学生要素的一门探究课。 　　校园中的一草一木，校园中的一物一景，都能成为我们的研究对象。我们学无定法，因材施教，从生活中的地理出发，激发学习兴趣点，挖掘校园中的地理要素并进行拓展（探究）学习。			
课程目标	"校园地理探秘"旨在通过研究性学习的方式，培养学生在自主学习、主动探究的过程中发现和提出问题、探究和解决问题的能力。引导学生在各项实践活动中开展自主探究、合作交流，养成合作与发展的意识，培养自主创新精神、提高研究与实践的能力。通过合理利用各种课程资源和信息技术进行学习，培养采集、筛选、提炼、归纳、处理信息的能力，提升信息素养，实现学习方式的多样化体验与感受多种学习经历，丰富学习经验。			
执教年级	预备、初二年级			
执教场所	史地实验室			
分课题	分课题名称	主要内容	上课时间	课时安排
课题一	初次见面	初次见面，互相介绍交流，共同探讨并选取课程内容等		2
课题二	落叶创意画	认识植物的分类；落叶创意画		4—6
课题三	校园之风	认识"风"的相关知识；实地测量校园之"风"；谈谈健康的"校园之风"		2—4
课题四	叶脉书签	赏桂花；制作叶脉书签		4—6
课题五	制作桂花糕/馒头	了解桂花糕/馒头的制作流程；制作桂花糕/馒头并品尝		2—4

二、课程作业

以小组为学习单位,根据课题内容的安排,完成相应的课程作业。

三、课程评价

(一)评价原则

1. 真实性:实事求是地对课程的方方面面进行评价,对问题进行挖掘和思考,既要肯定收获,也要指出不足,以此不断完善与优化。

2. 全面性:课程的各个环节都要进行评价,包括对课程的评价、对学生的评价以及对教师的评价。

3. 发展性:评价的目的是促进发展,多肯定,多鼓励,促进课程向良性方向发展。

(二)评价方式

课程评价包括对课程内容的评价,对教师的评价和对学生的评价三部分。

1. 对课程内容的评价:主要通过对学生进行满意度调查,从而获得相关评价信息,并根据反馈的信息逐步对课程进行改进。

2. 对教师的评价:通过学生对教师的评价,教师可感受到自身教学中学生认可的教学特点及自身的教学优势,同时也了解自身教学中可能存在的不足之处,最终促进教师教学综合能力的提高和发展。

3. 对学生的评价:采用个人自评、小组互评、教师评价相结合的多种评价方式,既重视终结性评价,也重视过程中的形成性评价,将评价作为学习活动的一个重要组成部分。评价涵盖学习态度、学习方法、发现探究问题的能力、参与活动表现、收集处理信息能力、小组合作能力、学习成果、个性化贡献等方面。

◆ 校本课程分课时方案

课题一 初次见面(2课时)

一、教学目标

初次见面,互相介绍交流,形成团体意识;了解课程构成,探讨并选取课程内容,发挥主体学习的作用。

二、教学重点、难点

探讨并选取课程内容。

三、教学内容及教学过程

1. 初次见面,自我介绍,相互交流。

2. 简介本课程构成。

3. 探讨并选取相关课程内容。

四、作业

完善课程计划表。

课题二 落叶创意画(4—6课时)

一、教学目标

认识植物的分类;通过对校园植被的观察,感受自然之美;会根据不同植被落叶的特点进行筛选、创作等,提升动脑动手能力。

二、教学重点、难点

落叶画的创作。

三、教学内容及教学过程

1. 认识植物的分类。

2. 观察校园植被,捡拾落叶并观察不同植被落叶的特点。

3. 进行创意画的设计,并根据不同落叶的特点进行筛选。

4. 动手创作。

5. 作品展示并进行评价。

四、作业

至少完成一份落叶创意画。

课题三 校园之风(2—4课时)

一、教学目标

认识"风"的相关概念;通过实地测量校园的风,将理论结合实际,感受风之魅力的同时,撰写实地测量小报告,体验学习与探索科学知识的严谨和艰辛。通过校园之"风"的学习,谈谈"校园之风"的建设,感受健康校园、文明校园。

二、教学重点、难点

实地测量校园之风,撰写测量小报告。

三、教学内容及教学过程

1. 认识"风"的相关概念。

2. 实地测量校园的风,理论结合实际。

3. 撰写测量小报告。

4. 同伴交流并评价。

5. 谈谈"校园之风"。

四、作业

完善测量小报告,并进行优化;(选做)完成"校园之风"小报。

课题四　叶脉书签(4—6课时)

一、教学目标

了解叶脉书签的制作流程及注意事项;通过对不同树叶进行实验,选取合适的树叶进行叶脉书签的制作;通过对比实验的学习方式来感受学习的多样性;感受动手操作、实验学习的乐趣,并体会科学探究的艰辛与不易。

二、教学重点、难点

叶脉书签的制作。

三、教学内容及教学过程

1. 了解叶脉书签的制作流程及注意事项。

2. 准备实验用品、所需实验工具等。

3. 对不同品种的树叶进行实验,并进行筛选。

4. 制作叶脉书签。

5. 作品展示并进行评价。

四、作业

完成叶脉书签的制作。

课题五　制作桂花糕/馒头(2—4课时)

一、教学目标

赏桂花,会欣赏并感受自然之美;了解并熟悉桂花糕/馒头的制作流程;团队合作完成桂花糕/馒头的制作,体会团队活动的乐趣,建立友好的同学情谊。

二、教学重点、难点

(在条件匮乏的情况下)进行桂花糕/馒头的制作。

三、教学内容及教学过程

1. 赏(校园)桂花。

2. 了解并熟悉桂花糕/馒头的制作流程。

3. 准备相关物品并进行制作。

4. 蒸煮并品尝。

5. 交流感想,并提出改进意见。

四、作业

亲手制作一份桂花糕或馒头。

课程评价：

《校园地理探秘》的评价共分为三个部分：(1)对课程内容的评价；(2)对教师的评价；(3)对学生的评价。

1. 对课程内容的评价

对课程内容的评价主要通过对学生进行满意度调查，从而获得相关评价信息，并根据反馈的信息逐步对课程进行改进和优化(具体评价情况如表3-5所示)。

表3-5 《校园地理探秘》课程评价表

请你根据以下评价项目对课程内容进行评价，在你认为符合的项目下面打"√"。

评价内容	十分符合（5分）	相对符合（4分）	符合（3分）	一般（2分）	不太符合（1分）
1. 我很喜欢《落叶创意画》的活动内容。					
2. 我很喜欢《校园之风》的活动内容。					
3. 我很喜欢《叶脉书签》的活动内容。					
4. 我很喜欢《制作桂花糕》的活动内容。					
5. 课程的设计总能让我不由自主地参与到同伴中一同去探究问题。					
6. 在课程学习过程中总是能吸引我不断地去发现问题和提出问题。					
7. 我觉得我的创新能力被挖掘了，总能想到很多好点子来解决问题。					
8. 课程中信息技术的使用让我便于理解课程的相关内容。					
9. 课程学习方式多样化，让我体验了多种学习经历。					
10. 课程的评价方式有很多，我喜欢多样化的评价方式。					
对本课程的设计，我有话要说：					

2. 对教师的评价

通过学生对教师的评价(见表3-6)，教师可以感受到自身教学中学生认可的教学特点及自身的教学优势，同时也了解自身教学中可能存在的不足之处，最终促进教师教学综合能力的提高和发展。

表3-6 《校园地理探秘》教师评价表

请你根据以下评价项目对课程内容进行评价，在你认为符合的项目下面打"√"。

评价内容	十分符合（5分）	相对符合（4分）	符合（3分）	一般（2分）	不太符合（1分）
1. 老师上课风趣幽默，生动有感染力，我总能被吸引到。					
2. 老师上课总能抛砖引玉，启发我们去发现问题和思考问题。					
3. 老师总能跟我们互动，引导我们去解决问题。					
4. 老师重视研究方法的指导，能促进我们探究能力的提高。					
5. 老师采用多种教学手段，帮助我们突破知识难点，提高课堂效率。					
6. 老师因材施教，总能根据我们的要求适当地改变教学内容和教学方式。					
7. 老师上课总能关注到我们并给予我们肯定的评价，让我越来越自信了。					
8. 老师对我的作品总是在肯定鼓励之后才指出需要改进的地方，让我很有面子。					
9. 老师总是鼓励我们自己去查阅资料，收集并归纳资料。					
10. 老师总是很有耐心地指导我们，引导我们用不同的方法、思路去思考和解决问题。					
对老师，我有话要说：					

3. 对学生的评价

对学生的评价采用个人自评、小组互评、教师评价相结合的多种评价方式，既重视终结性评价，也重视过程中的形成性评价，将评价作为学习活动的一个重要组成部分。评价涵盖学习态度、学习方法、发现探究问题的能力、参与活动表现、收集处理信息能力、小组合作能力、学习成果、个性化贡献等方面，详见表3-7。

表 3-7 《校园地理探秘》学生评价表

评价项目		评价分值	自我评价	小组评价	教师评价
学习态度	主动参与，积极性高，参与性强。	5			
	能主动参与到学习中，但积极性不高。	3			
	看心情，想参加就参加，比较随意。	1			
学习方法	会采用4种以上方法进行主动探究。	5			
	会采用2种以上的方法解决问题。	3			
	在老师的指导下，能接受一些知识。	1			
发现问题	善于思考，能发现并解决活动中问题。	5			
	能按要求解决活动中出现的问题。	3			
	完全依靠别人解决问题。	1			
活动表现	能积极参与活动，与他人团结协作。	5			
	能与他人协作，参与到活动中。	3			
	愿意自己独立完成，不愿参与活动。	1			
收集处理信息能力	经常收集资料，及时整理、归类、存放。	5			
	注意收集资料，做好整理、归类、存放。	3			
	参与收集资料，有资料可查。	1			
作业态度	按时完成各类作业，且质量较高。	5			
	完成各类作业，且有一定质量。	3			
	基本上能够完成各类作业。	1			
作品成果	作品完整、美观，新式新颖，做工精致。	5			
	作品比较完整，整洁。	3			
	作品基本上完整。	1			
个性化贡献	有5件以上的作品或获奖成绩。	5			
	有2—5件以内的作品或获奖成绩。	3			
	有不少于1件作品或获奖成绩。	1			
总分		40			
评价总成绩					

注：评价总成绩是教师根据学生自评、互评及教师评价的成绩而定，分为"优秀""良好""合格""需努力"。

"刻纸"课程方案

潘天玥

♦ 校本课程总方案

一、课程概况

表3-8 刻纸课程概览

总课题	刻纸
选题说明	刻纸是剪纸的一种，汉族传统工艺品之一。刻纸作品要求绘画、构图图案化，形象要概括、变形、简练清晰，讲究虚实对比，线条规整流畅，彩色对比强烈、明快。刻纸需要的材料极为简单，所以非常方便。通过刻纸，学生可以提升画、贴、剪及综合艺术的创作水平，提高他们的审美修养、艺术素养和科技动手能力。同学们通过教学实践体验民族民间的刻纸艺术美，同时培养学生热爱民族民间的艺术情感；在艺术活动中和艺术创作中体验刻纸的乐趣，增强对刻纸艺术的美的体验；在每一节课中体验劳动教育，在动手中树立正确的劳动观点和劳动态度，热爱民族民间的劳动习惯，感受德智体美劳。
课程目标	1. 通过教学渗透民族民间艺术教育，了解刻纸是剪纸的一种表现形式，知道刻纸的特点。 2. 通过教学中教师的讲解、演示；学生的实践创作学会使用刻纸特点的基本方法完成刻纸作品。 3. 通过合作关系共同完成刻纸巨作。 4. 通过教学实践体验民族民间的刻纸艺术美，同时培养学生热爱民族民间的艺术情感；在艺术活动中和艺术创作中体验刻纸的乐趣，增强对刻纸艺术的美的体验。 5. 通过教学活动体验德智体美劳中的劳动教育，树立正确的劳动观点和劳动态度，热爱民间民族的劳动习惯，增强刻纸体验。
执教年级	预备、初二年级
执教场所	五楼

续表

分课题	分课题名称	主要内容	上课时间	课时安排
课题一	了解民间美术刻纸的历史	唤起学生对民间刻纸艺术的热爱；使学生认识民间刻纸艺术，培养学生的创造性思维和审美能力，感受德智体美劳中的劳动教育，树立劳动观点和劳动态度		2
课题二	刻纸的方法和步骤（感受劳动美）	深入了解民间刻纸，认识刻纸工具，学会运用刻纸的基本技法制作刻纸作品，并尝试练习技法		2
课题三	刻纸的阴刻和阳刻	通过学习运用刻纸的基本方式（阴刻、阳刻）创作出一幅刻纸作品		2
课题四	刻纸——蝴蝶阴阳刻练习	通过巩固学习阴刻阳刻，用组合的形式表示不同的蝴蝶刻纸		2
课题五	刻纸——熊猫	发现生活中美的形象与图案；用自己喜欢的方式制作有趣的对称图案熊猫；欣赏我国民间刻纸艺术，对自己的创作充满信心		2
课题六	刻纸背心——对称练习巩固	巩固学习对称技巧，用喜欢的花纹创作刻纸背心；激发对中国传统刻纸活动的兴趣		2
课题七	刻纸——"喜"字创作设计学习	学会创作设计，绘画双喜进行创作；让学生体会到我国民间艺术的绚丽，激发他们欣赏美、创造美的热情；让学生感受劳动教育		2
课题八	刻纸——喜字创作刻画	设计讨论修改并添加花纹，完成"喜"字刻纸创作		2
课题九	对角折刻——蝴蝶	学习蝴蝶的对角刻纸方法；感受刻纸的美及体验和谐美		2
课题十	鱼的刻纸	认识刻纸语言的审美特征，用发展的眼光、开放的思维学习刻纸技巧并能注意运用最适合的手法完成刻纸鱼		2
课题十一	环境创作——鸽子设计	学会鸽子的基本刻法，了解对称纹样的类型。环境创作元素的搭配融入，培养学生热爱民间艺术和健康审美心理		2

续表

分课题	分课题名称	主要内容	上课时间	课时安排
课题十二	环境创作——鸽子刻纸	学会环境元素搭配的融洽，疏密的搭配，教育学生关心国内大事，热爱世界和平，并完成一幅完整的有环境元素的刻纸创作		2
课题十三	环境创作设计刻纸——刻"春天"素材选择	在校园感受春天，小组合作思维导图罗列春天素材，学会删减适合素材，感受大自然的美，热爱春天并且珍惜春天的光阴		2
课题十四	环境创作设计刻纸——刻"春天"创作	学会挑选合适素材，学会明确主题，学会搭配的疏密性，感受和谐美		2
课题十五	环境创作设计刻纸——刻"春天"刻画	用阴阳刻法完成完整的"春天"刻纸创作，感受大自然的美，热爱春天并且珍惜春天的光阴		2
课题十六	十二生肖——素材寻找、含义了解	感受中国传统文化，感受十二生肖含义及背景，寻找不同图片素材：剪纸、刻纸、动物图		2
课题十七	十二生肖——素材整合、小组合作	分小组，分享材料，探究十二生肖动物样子分解，学习合作创作，培养传统文化		2
课题十八	十二生肖——素材绘画	互相合作绘画风格，各挑一种生肖，整合资料，增加绘画细节		2
课题十九	十二生肖——素材刻画	刻画十二生肖，增强协作能力，培养传统文化知识		2
课题二十	十二生肖——裱画学习	学习中国传统文化——裱画。合作完成作品，学生进一步感受团结合作意识及传统文化美德		2

二、课程作业

每节课前,学生收集素材,学会对素材进行整合;课中学习当节课的新授知识,感受民间艺术,让孩子们以独立的形式完成刻纸,培养学生热爱民族民间的艺术情感;课后以合作形式完成刻纸,在艺术活动中和艺术创作中体验刻纸的乐趣,增加对刻纸艺术的美的体验。

三、课程评价

1. 评价原则

让学生在联想式体验、合作式体验、观察式体验、模仿式体验、创作式体验过程中体验点评,结合独立学习及合作学习,通过学生自评、互评、小组评价、教师评价等多元化的评价来学习。

2. 评价方式

相互展示、自评、互评、教师评价、分享作品、总结升华。教师小结:刻纸是中华民族的文化艺术,为聪慧的中国劳动人民所创造,人们刻的作品美丽有趣,真了不起。

◆ 校本课程分课时方案

第一课时

课题一　了解民间美术刻纸的历史

一、教学目标

1. 唤起学生对民间刻纸艺术的热爱,使学生认识民间刻纸艺术。
2. 培养学生的创造性思维能力和动手能力。

二、教学重点

通过欣赏和实践了解刻纸的历史。

三、教学内容

唤起学生对民间刻纸艺术的热爱;使学生认识民间刻纸艺术,培养学生的创造性思维和审美能力。

四、教学过程

1. 导入:放一段民间艺术——刻纸的视频。教师总结:这些作品出自农民之手,不仅表现了人们喜闻乐见的事物,也反映出人们对美好生活的向往和丰富的艺术想象力。

2. 新授

1)请同学们欣赏刻纸作品。

2)讲解刻纸历史,同时归纳刻纸的题材种类。结合刻纸作品教师讲解,刻纸是我国传统的民间艺术,历史悠久。大体上分为南北两大流派:北方刻纸粗犷朴实、天真浑厚;江南刻纸精巧秀丽、玲珑剔透。刻纸的样式很多,这些分别是窗花、枕花、礼花等,具有单纯、简洁、明快、朴实、富于装饰性的特点。

3) 材料的使用安全性。保护自己、保护课桌、保护环境,从劳动中体验民间艺人的辛劳,体验劳动习惯。

4) 选择素材整合方式。

3. 作业:学生手绘设计刻纸内容;教师指导,学生互相讨论。

4. 课外收集资料。

五、作业

作业:学生手绘设计刻纸内容;教师指导,学生互相讨论。

六、评价方式

教师指导,学生互相评价、讨论。

第二课时

课题二 刻纸的方法和步骤(感受劳动美)

一、教学目标

1. 通过教学渗透民族民间艺术教育,教师帮助学生了解刻纸是剪纸的一种表现形式,知道刻纸的材料。

2. 通过教学中教师的讲解、演示,学生在实践中学会刻纸的过程。

3. 通过教学实践体验民族民间的剪纸艺术美,同时培养学生热爱民族民间艺术的情感,在艺术活动中和艺术创作中体验刻纸的乐趣,增加对刻纸艺术的美的体验。

二、教学重点

学习运用刻纸的基本方法,了解刻纸的材料,完成第一次刻纸。

三、教学内容

深入了解民间刻纸,认识刻纸工具,学会运用刻纸的基本技法制作刻纸作品,并尝试练习技法。

四、教学过程

1. 导入:创设情境,激发兴趣,感受刻纸艺术的美。

2. 新授:

1) 安全教育、工具介绍及安全事项。

2) 刻刀使用方法。

教师:刻的时候,刻刀要持正,刻直线时是从上到下;刻横线时,是从左到右;刻画弧线时,不可能一刀刻成,而是从左到右,连续不断沿弧线一刀接一刀移动着刻成的。刻的时候用力要适当,要是刻的部分还拿不下来时,不能硬拉,应该再补刻一刀,让它自然脱落,以免扯坏刻纸。

3）刻纸的一个过程教学。

3. 作业：请同学们在纸上分别画一个长方形、圆形、月牙形，练习刀法。

4. 评论并总结。

五、作业

请同学们在纸上分别画一个长方形、圆形、月牙形，练习刀法。

六、评价方式

教师指导，学生互评，互相观摩帮助，着重注意刻的时候用力要适当，不要扯坏图片。

"诵读经典诗文"课程方案

语文组

一、课程概况

表 3-9 "诵读经典诗文"课程介绍

总课题	诵读经典诗文 提升人文素养			
选题说明	为激发学生对中华传统文化的热爱之情，培养学生良好的阅读习惯，滋养学生的品性，给学生提供一个展示才华和创造力的机会，营造"校园文化艺术熏陶人、感染人、促进人"的氛围，我校语文组配合校教导处的计划安排，在不同年级分别开展丰富多彩的语文竞赛活动，以此来拓展语文学习空间，提高同学们学习语文的兴趣			
课程目标	1. 通过诵读和积累，培养学生爱国主义感情、社会主义道德品质，逐步形成积极的人生态度和正确的价值观，提高文化品位和审美情趣； 2. 认识中华文化的丰厚博大，吸收民族文化智慧； 3. 培植热爱祖国语言文字的情感，养成语文学习的自信心和良好习惯； 4. 帮助学生养成良好的行为习惯，心地向善，提高人文素养			
执教年级	预备、初一、初二、初三			
执教场所	学校五楼阶梯教室			
分课题	分课题名称	主要内容	上课时间	课时安排
课题一	预备讲故事比赛	以讲故事的形式弘扬中华民族传统美德	10月	1
课题二	初一唐宋诗词朗诵比赛	参赛的古诗围绕主题"中华之魂"进行选择，可以全部从预备至初一年级《语文》教材中选取，包括教材中规定的背诵篇目，也可以选择部分课外古诗	10月	1
课题三	初二散文朗诵比赛	弘扬中华民族精神，讴歌新中国70多年来翻天覆地的变化，展现共和国的崭新风貌和巨大成就	11月	1
课题四	初三课外文言文阅读大赛	我阅读我快乐，书香伴我共成长	12月	1

二、课程作业

1. 故事内容充分体现积极进取、健康向上的精神风貌。取材主要以中外名著、民间童话故事为内容，可以尝试有创意的表演形式。

2. 参赛朗诵的诗歌散文作品内容健康，能给人以启发性。

3. 参赛选手表演时间控制在5分钟以内。

4. 普通话标准，表情丰富。

三、课程评价

1. 评价原则

表现力(30分)：语言表达有感染力，表情丰富。

完整性(30分)：不加减字，不掉句子，不颠倒句子顺序。

普通话(20分)：字音准确，语言流利。

2. 评价方式

(1) 比赛的评委由校领导、全体语文老师、各班一名代表组成。

(2) 评委将根据节目内容、表演特点、诵读形式及诵读者的表演等情况进行打分。

(3) 根据比赛成绩，各年级竞赛组分别评出一、二、三等奖若干名。

"走近中国古典名著"课程方案

黄燕平

一、课程概况

表3-10 "走近中国古典名著"课程概况

总课题	走近中国古典名著			
选题说明	中国传统文化博大精深、源远流长。《语文》教材九年级上册第八单元选编了精读课文《煮酒论英雄》《武松打虎》《范进中举》,都是从我国的古典名著中节选或者根据名著改编的,展现了中华文化的魅力,是引领学生了解中国古典文化的一扇窗。			
课程目标	在阅读课文的学习过程中,让学生尽可能多地了解我国的古典名著,体验阅读名著的乐趣,进一步感受古代文学、历史名著的博大精深和无穷魅力。通过对名篇、名著的赏析,学生们可以在获得精神享受和审美愉悦的同时,产生对中国乃至世界文学艺术宝藏亲密接触的愿望和兴趣,开始对经典作品有所了解,并从中汲取丰富的文化、艺术内涵和历史人文等多方面的知识,激发学生阅读名著名篇的兴趣,引导学生学会阅读,拓展学生语文学习的领域			
执教年级	初三			
执教场所	教室			
分课题	分课题名称	主要内容	拟上课时间	课时安排
课题一	《水浒传》	《林冲风雪山神庙》		1
课题二	《西游记》	《孙悟空三打白骨精》		1
课题三	《红楼梦》	《葫芦僧乱判葫芦案》		1
课题四	《三国演义》	《群英会蒋干中计》		1

二、课程作业

读古典名著

三、课程评价

1. 评价原则
2. 评价方式

自评

A. 耐心倾听

B. 能认真听老师和同学的发言

C. 尚能认真听老师和同学的发言

D. 不能认真听老师和同学的发言

A. 积极发言

B. 能积极提出自己的看法与见解

C. 尚能提出自己的看法与见解

D. 不能提出自己的看法与见解

A. 完成任务

B. 能按时完成自己承担的任务

C. 能完成自己承担的任务,但不按时

D. 不能完成自己承担的任务

◆ 校本课程分课时方案

第一课时

课题一　《水浒传·林冲风雪山神庙》

一、教学目标

1. 认识封建社会"官逼民反"的社会现实。

2. 了解作品艺术构思的特点。

3. 学习通过景物描写推动情节发展的写作技巧。

二、教学重点

1. 认识封建社会"官逼民反"的社会现实。

2. 了解作品艺术构思的特点。

3. 学习通过景物描写推动情节发展的写作技巧。

三、教学内容

（略）

四、教学过程

1. 梳理思路，把握情节。

2. 分析人物。

3. 景物描写的作用。

五、作业

阅读《水浒传》。

六、评价方式

（略）

第二课时

课题二 《西游记·孙悟空三打白骨精》

一、教学目标

1. 了解古典名著《西游记》。

2. 体会孙悟空的坚定、机智和勇敢。

二、教学重点

孙悟空的坚定、机智和勇敢。

三、教学内容

（略）

四、教学过程

1. 追溯"三变"，感受白骨精的性格。

2. 追溯"三打"，感受孙悟空的性格。

3. 追溯两次责怪，感受唐僧的性格特征。

五、作业

阅读《西游记》。

六、评价方式

（略）

第三课时

课题三 《红楼梦·葫芦僧乱判葫芦案》

一、教学目标

1. 了解曹雪芹及其作品《红楼梦》。

2. 学习作品通过人物形象、故事情节表现主题思想的特点。

3. 体会作品生动、洗练、富于表现力的语言。

二、教学重点

（略）

三、教学内容

1. 解题。

2. 理清情节、思考。

3. 贾雨村形象分析。

4. 门子形象分析。

五、作业

阅读《红楼梦》。

六、评价方式

（略）

第四课时

课题四　《三国演义·群英会蒋干中计》

一、教学目标

1. 理清小说的情节线索，探讨周瑜如何用计。

2. 分析在矛盾冲突中栩栩如生的人物形象。

3. 培养学生读懂文本、理解文本的能力。

二、教学重点

理清小说的情节线索，探讨周瑜如何用计。

三、教学内容

（略）

四、教学过程

1. 解题。

2. 理清小说的情节线索，探讨周瑜如何用计。

3. 分析人物的特点。

五、作业

阅读《三国演义》。

六、评价方式

（略）

"课外文言文教学"课程方案

金晓燕

◆ 校本课程总方案

一、课程概况

表3-11 "课外文言文教学"课程概况

总课题	课外文言文教学			
选题说明	随着二期课改新编教材古诗文比例的提升和上海语文中考文言文阅读的变革：扩大文言文考试篇目、增加分值、增加难度，因而引领学生步入文言文阅读的殿堂，提高学生文言文的阅读能力是十分必要的，再则古诗文承载中华民族的文化精华，流传至今，虽历经时间磨洗却魅力依旧。 自2004年上海中考语文开始考查课外文言文，走过了8个年头，考试的题型基本上保持不变。但是，学生对于课外文言文总是感到头疼，总是有畏难情绪。因此，让学生掌握学习课外文言文的方法，切实提高学生的阅读水平和能力，就变得十分迫切。 八年级的学生对于课外文言文，已经有了一定的认识（经过预备、初一的学习和考试），而且个体之间也有了一些差异，领先的学生已经有了更好的基础。为了让更多学生真正领悟古诗文的魅力，我们开设了这个拓展课程			
课程目标	借助注释和工具书，阅读浅易文言文，读懂文章的内容。积累常见的文言实词的意义、文言虚词的用法，理解重要句子的含义，注重在阅读实践中举一反三。背诵一定数量的名篇			
执教年级	初二			
执教场所	教室			
分课题	分课题名称	主要内容	拟上课时间	课时安排
课题一	浅显文言文的阅读25篇	《初中文言文阅读训练70篇》★难度		
课题二	中等难度文言文的阅读25篇	《初中文言文阅读训练70篇》★★难度		

分课题	分课题名称	主要内容	拟上课时间	课时安排
课题三	高难度文言文的阅读16篇	《初中文言文阅读训练70篇》★★★难度		
	最高难度文言文的阅读4篇	《初中文言文阅读训练70篇》★★★★难度		

二、课程作业

《初中文言文阅读训练70篇》。

三、具体的实施步骤

第一阶段:学完25篇(浅显文言文)。

第二阶段:学完25篇(中等难度文言文)。

第三阶段:学完20篇(高难度文言文)。

四、教学流程

(一) 在第一阶段,主要是教师手把手地教《初中文言文阅读训练70篇》前25篇。

1. 通过反复朗读,调动已有知识,形成语感,初步了解短文大意。

教师先示范读短文,学生跟读,然后学生自由散读文章,教师及时纠正读音(字的读音直接影响它的意思)。

2. 指导学生看注释。看注释,疏通文意,找出不理解的字和句。

3. 做阅读训练,一般有五六个加点字解释,两句翻译,还有一个问题。这里给学生提供一定的时间,要求学生尽自己的所能答题,所有问题不能空白。

4. 交流学习结果。

教师轮流请学生起来讲解答案,正确的就给予表扬,做错了就请全体同学一起来帮忙。如果是加点字解释错了,其他学生又不能很快地讲出来,就引导学生回忆以往学过的某篇文言文,其中也有这个字,很快学生就能说出含有这个字的某句话,这个加点字的意思就掌握了。这一步是帮助学生把课内的知识迁移到课外。

有时候,短文下面有文言知识,比如《商鞅立信》一文下就有释"卒","卒"的义项很多,有5个,都有例句出现,这就要求学生去记住,以便将来遇到的时候,可以自由运用(找到最恰当的义项)。

5. 选择背诵。让学生自由选择喜欢的篇目背诵,学有余力的学生每篇都背。教师检查。

(二) 在第二阶段,放手让学生自己去做《初中文言文阅读训练70篇》中25篇。

1. 学生自己反复读短文,调动头脑中已有的知识,形成语感,大致理解文章。

2. 看注释,疏通文意,找出不理解的字和句。

3. 指导学生查工具书。遇到不理解的字词,可以查《古汉语常用字字典》。找到那个字,逐条阅读义项,再看短文中那个字,找到最符合语境的最恰当的义项。这个过程其实有点难,不过多次实践之后,学生很快就能找到最恰当的义项。

4. 对于实在不理解的句子,可以教学生上网查询。利用百度搜索,把短文题目打上去,一搜,百度百科出来了,基本上有原文、译文、注释、启示、相关习题答案等(需要注意的是,网上提供的解释或答案的准确性、规范性有待考究、审辨,不宜盲目信从)。仔细阅读之后,疑问很快就可以解决。这个是教会学生利用网络资源学习,解决学习中遇到的困难。

5. 做阅读训练。同上。

6. 交流学习结果。同上。

7. 选择背诵。让学生自由选择喜欢的篇目背诵,学有余力的学生每篇都背。教师检查。

(三) 在第三阶段,放手让学生当小老师讲解《初中文言文阅读训练70篇》后20篇。

1. 事先教师分配好篇目,比如第51篇《张仪受笞》由徐静讲解,第52篇《牛弘笃学》由蔡歆羽讲解……一次预定5篇短文,分别由5个学生负责。一开始,先挑基础好的学生来讲。老师布置了作业做第51—55篇,共5篇,在一周时间里完成,比如周三下午布置了这个作业,到下周三的下午,就由指定学生来讲解。全班同学都要在一周的时间里,自己做好第二阶段中的1、2、3、4、5这5步。

2. 学生当小老师,为同学讲解短文。

主讲学生先要求全班齐读短文,然后点名提问加点字的解释,如果学生说错,主讲人会纠正答案,有时候还要教师来纠正答案。主讲人还要把短文全部翻译一遍,如果有错误,教师及时指正。翻译句子和问答题,也是通过提问完成的。

3. 选择背诵。让学生自由选择喜欢的篇目背诵,学有余力的学生每篇都背。教师检查。

反思:学生主观能动性强,第二次就有学生主动要求来当主讲人,后20篇很快就分配给了20位同学。他们做小老师的模样也挺可爱的,我让他们尝试做了一回老师,他们各自负责的某一篇短文一定给他们留下了比较深刻的印象。对于学习无疑是有促进作用的。

"中华经典诵读"课程实施方案

语文组

根据《关于开展浦东新区"中华经典诵读行动"的通知》，我校以弘扬祖国优秀传统文化、提高学生道德文化修养为宗旨，在近年来开展经典诵读的基础上，充分利用基础型课程、拓展型课程和研究型课程的学习资源，积极开展中华经典诵读教育教学活动，创设有品质、有特色的校本课程。

一、课程性质与设置

1. 基础型课程突出"实"，以固定的课时落实诵读经典，以切实的诵读走进经典。

2. "中华经典诵读"作为区中小学拓展型课程之一，课时安排原则上每周一节，每学期总课时不少于15节。

3. 研究（探究）型课程突出"深"，强调与现代社会生活的价值判断相结合，开展文化践行活动，知行合一，提高学生的道德素养。

二、课程目标

（一）总目标

1. 培养爱国主义情感和民族精神，提高道德、文化修养，形成积极的人生观、价值观和独立的人格意识。

2. 认识中华文化的博大精深，吸收民族文化的智慧，对祖国优秀文化传统抱有诚挚的敬意和持久的学习热情。

3. 能用普通话朗读和背诵一定数量的经典诗文，理解和领会其中蕴含的道理；能对作品的价值发表自己的意见或评论，能根据需要进行专题研究。

（二）学段目标

1. 能用普通话正确、流利、有感情地朗读古诗文。

2. 能借助注释、工具书和有关资料理解作品内容，具有初步的质疑、鉴别和评价能力。

3. 背诵优秀诗文100篇（段）。（含课内语文教材背诵篇目）

4. 能自觉运用现代信息技术获取信息、探讨问题和交流思想。
5. 能积极组织或参与班级、学校和市、区的经典诵读活动。

三、课程内容

（一）基础型课

预备年级：每周一诗16首，《十六字令三首》《观沧海》《望岳》《饮湖上初晴后雨》《菩萨蛮》《卜算子》，古文若干篇。

初一年级(上)：每周一诗16首，唐诗精华(上)6首，古文若干篇。

初一年级(下)：每周一诗16首，唐诗精华(下)8首，古文若干篇。

初二年级(上)：每周一诗16首，宋词精华(上)6首，古文若干篇。

初二年级(下)：每周一诗16首，宋词精华(下)8首，古文若干篇。

初三年级(上)：每周一诗16首，元曲精华，古文若干篇。

初三年级(下)：经典古诗词文。

（二）拓展型课

写字拓展、古诗文阅读拓展、经典美文阅读拓展、学科竞赛活动。教参《古诗文点击》《上海市中学生古诗文竞赛》。

（三）探究型课

《名作朗读策略与方法》。

四、课程实施

（一）课程承担者与实施对象

"中华经典诵读"课程主要由本校语文学科教师承担，实施对象为学校全体学生。

（二）实施方法

1. "中华经典诵读"课程应贯彻"自主、合作、探究"的学习方式，充分发挥师生双方在学习过程中的主动性和创造性。课堂教学应以学生自学、诵读指导、问题讨论为主。

2. "中华经典诵读"课程在实施中应努力体现其综合性和实践性，沟通课内课外、校内校外，开展跨学科、跨领域活动，增加实践机会，拓展学生的学习空间。

3. "中华经典诵读"课程应以体验性活动与研究性专题相结合的方式，设计开放、多元的活动形式，如竞赛、表演、创作等。

（三）措施与要求

"诵读"即为"出声的读"，达到"熟读自然成诵"的理想境界。以课堂为主要空间的经典诵读，是培养学生人文素养的最主要阵地。学生是有丰富的心灵世界，有巨大创造潜能的生命体。立足于"发展为本"的理念,为学生构建一个经典诗文的学习平台,让他们根据个体差异与内容差异选择最佳的学习方式,对古诗文意境进行探索,深入诗境,产生个性化的阅读行为和与多元化的感悟。鉴于此,提出如下要求:

1. 保证诵读时间。倡导见缝插针、积少成多的诵读方法,开展"课前一吟"活动,充分利用每一节课前预备铃时间,做到读而常吟,"学而时习之"。另外,坚持每周一节诵读课为诵读时间,天天坚持。

2. 各班任课教师要根据诵读内容与诵读量,划分每天的诵读量,制订计划,根据计划诵读并且要与学生一起诵读。在每个班级的黑板报上由学生专人负责每周刊登一句经典文句。学生在一周内反复诵读并记忆。看谁读得好、记得牢,鼓励学生多诵多背。班级内定期开展古诗文诵读或背诵比赛,激发学生诵读的激情。

3. 布置家庭作业时,适当安排经典诵读和抄写内容。

4. 定时或不定时抽查学生,动员学生互动检查;表扬先进,鼓励后进。

5. 有条不紊地创造性地组织、指导学生开展形式多样的诵读活动。如唐诗宋词朗诵比赛、古诗文阅读大赛、古诗文"小讲师"、诗歌模仿创作等。

6. 开设写字课。将"书法"与"经典诗文"两件中国文化瑰宝加以整合式的开掘,让中华民族灿烂的文化深深地根植于学生幼小的心灵中,滋养学生的精神世界。每周一节写字课上,学生在书写中更能体会到中国传统文化的魅力。学生那或娟秀或刚劲的字迹着实地体现了他们对于经典文化的喜爱。

五、课程评价

1. 采纳形成性评价为主、终结性评价为辅的原则,注重记录学生参与诵读学习和活动的日常表现,采用激励性的评语,从正面加以引导。

2. 将教师的评价、学生的自我评价和学生之间的相互评价相结合,加强学生的自我评价和相互评价,促进学生主动学习、自我反思。

3. 评价学生的朗读,可从语音、语调和感情等方面进行综合考查,也应注意考查对内容的理解与把握。评价重在提高学生的诵读兴趣,增加积累,发展语感,加深体验和领悟。

六、活动保障

1. 语文教师要做好导读工作,认真组织好各种形式的经典诵读活动。

2. 学校教导处、德育处不定期检查,组织评比。

3. 学校分管领导做好动员组织和监督检查工作。